COLLECTION
FOLIO THÉÂTRE

Lesage, Fuzelier et d'Orneval

Le Théâtre de la Foire, ou l'Opéra-comique

Arlequin roi des Ogres,
ou les Bottes de sept lieues

Prologue de La Forêt de Dodone

La Forêt de Dodone

La Tête-Noire

*Textes choisis, présentés,
établis et annotés
par Dominique Lurcel*

Gallimard

© *Éditions Gallimard*, 2014.

PRÉFACE

Une grosse centaine d'années : c'est le temps de l'histoire du Théâtre de la Foire — il serait plus juste d'écrire : des théâtres des foires de Paris —, si l'on en circonscrit l'existence entre l'apparition des premières représentations qui, dès la fin du XVIIe siècle, déclenchent les hostilités avec le grand théâtre officiel et privilégié, la Comédie-Française — à peine née : sa fondation date de 1680... — puis, ultérieurement avec l'Académie Royale de Musique (l'actuel Opéra), et le moment où, avec la Révolution française et la fin des privilèges, pourront se multiplier les petits théâtres. Un temps qui correspond également à sa période « littéraire », période particulièrement féconde au cours de laquelle on va voir bon nombre d'auteurs — Lesage, bien sûr, mais aussi Fuzelier, d'Orneval, Piron, Pannard, Carolet... — l'alimenter régulièrement, et pour certains de façon exclusive, des fruits de leur imagination. Au total, des centaines de pièces, dont toutes ne sont pas encore répertoriées à ce jour. Une période également riche en rebondissements, marquée par les luttes permanentes des entrepreneurs forains face aux menaces et interdictions dont ils sont l'objet, et par la naissance de formes nouvelles que, sous le coup de la nécessité, ils ne vont cesser d'inventer. C'est ainsi, par exemple, que dès 1714 circulera l'appellation d'opéra-comique pour désigner les théâtres qui, interdits de parole par de multiples procès, obtiendront de sous-louer à l'Opéra son privilège, et pourront recourir, dès lors, à quelques chanteurs et musiciens...

Les Foires parisiennes, elles, sont bien plus anciennes. Celle de Saint-Germain est mentionnée pour la première fois en 1176, celle de Saint-Laurent en 1344[1]*. Foires complémentaires, et non rivales : elles se déroulent à des moments différents de l'année et proposent des produits non concurrentiels, même si, dans ce domaine, les frontières se font avec le temps moins précises : à la Foire Saint-Germain, on trouve de préférence des produits de luxe, matières rares et précieuses (soieries, porcelaine...), à la Foire Saint-Laurent, des objets davantage nécessaires au quotidien (poterie, mercerie...). Au cours des siècles, toutes deux suivent la même évolution. Vastes enclos loués à des reli-*

---

1. La Foire Saint-Germain se dressait à l'emplacement actuel de l'abbaye de Saint-Germain-des-Prés (VIe arrondissement de Paris), celle de Saint-Laurent sur celui de l'actuelle gare de l'Est. Leurs périodes d'ouverture ont évolué au cours des siècles. Au XVIIIe siècle, sauf exceptions, la Foire Saint-Germain ouvrait le 3 février et fermait le dimanche des Rameaux, celle de Saint-Laurent commençait à la mi-juillet et s'achevait à la mi-septembre.

gieux — la première à l'abbé de Saint-Germain, la seconde aux Frères de Saint-Lazare, elles se sont longtemps contentées d'espaces désordonnés, agglomérats d'échoppes mal bâties et peu étanches, univers de paille et souvent de boue. Temps lointains : dès le XVIIe siècle, elles offrent une image nouvelle, placée sous le signe de la symétrie et de la beauté. Désormais abritées sous des charpentes dont les dimensions font l'admiration des gens du métier, boutiques et loges se succèdent le long de rues « larges et tirées à la ligne », impressionnant les chroniqueurs par leur nombre, leur variété et la richesse de leurs produits — on compte ainsi pas moins de deux cent soixante loges à la Foire Saint-Laurent. Dans ce bel ordre architectural, la vie s'est aussitôt chargée d'introduire un peu de désordre. La foule la plus bigarrée s'y presse, bourgeois, « gens de qualité », charlatans, voleurs et prostituées, sans toujours s'y croiser : de jour, la fréquentation est plutôt populaire, la noblesse s'y rendant de préférence le soir, « aux chandelles » — répartition que l'on retrouvera dans les différents publics des spectacles de la Foire.

Très tôt également sont arrivés les bateleurs. Dès avant 1650, ils sont les rois du pavé. Maîtres d'abord des tours de passe-passe, ils ont commencé par doubler les autres marchands d'illusion, vendeurs d'orviétan et autres panacées. Puis, à côté des montreurs d'animaux curieux ou savants, les échasses ont fait leur apparition, et les cordes, tendues entre deux boutiques. Certaines loges enfin, espaces initialement réservés aux échanges commerciaux, sont attribuées à des funambules, des sauteurs et des marionnettistes. Des loges en bois, encore facilement démontables mais qui, avec les premières années du XVIIIe siècle, vont devenir de véritables salles de spectacle dotées de machineries. Arlequin lui aussi est déjà sur place, usant davantage de la gesticulation que du verbe pour seconder tel ou tel commerçant et appâter le chaland.

Autour des années 1670 enfin, le théâtre fait son apparition, timidement d'abord, quelques dialogues seulement, en guise de liens entre deux numéros de sauteurs. Si l'on en croit les frères Parfaict[1], la première intrigue digne de ce nom, même si elle fait encore fonction d'intermède, est celle, en 1678, des Forces de l'Amour et de la Magie, *représentée à la Foire Saint-Germain par Alard. De son côté, un autre entrepreneur, Bertrand, innove. Il commence par étoffer d'un spectacle de marionnettes les danses qu'il présente puis, en 1690, il se hasarde à compléter le tout par « une troupe de jeunes gens de l'un et l'autre sexe », qui ont représenté « une petite comédie ». Pour l'occasion, il a fait construire une loge dans le préau de la Foire Saint-Germain. La Comédie-Française réagit alors pour la première fois. Elle obtient le 10 février la démolition de la loge ; la sentence est exécutée le jour même.*

---

1. Claude et François Parfaict, *Mémoires pour servir à l'histoire des spectacles de la Foire, par un acteur forain*, Paris, Briasson, 1743 (consultable sur le site : http://cesar.org.uk).

LE CONTEXTE HISTORIQUE
ET THÉÂTRAL

La fin de règne de Louis XIV est sombre. Guerres ruineuses, accroissement de la misère, persécutions religieuses. Le « bon plaisir » des années de jeunesse a cédé la place à la peur, à la sclérose et au désir d'ordre, dans tous les domaines. Le parti dévot — et Madame de Maintenon — guident désormais bon nombre de décisions royales. La société étouffe, et le règne du vieux roi s'éternise. Une période de durcissement, de glaciation, à laquelle le théâtre échappe d'autant moins qu'il est, comme toujours dans les périodes de méfiance et d'obscurantisme religieux, redevenu une des cibles privilégiées du pouvoir. Le débat sur sa nocivité morale n'a jamais vraiment cessé, mais le goût passionné que lui portait le jeune roi tenait en lisière ses détracteurs traditionnels, théologiens en tête. Désormais le roi fait pénitence, et les anathèmes, les condamnations morales pleuvent à nouveau, les ennemis du théâtre redressent la tête : deux actes politiques, à visées réductrices et lourds de conséquences, vont leur donner provisoirement satisfaction.

La fondation de la Comédie-Française date du 25 août 1680. À cette fondation est accolé un privilège, qui va vite se transformer en monopole. Par décision royale, la Comédie-Française a, seule, « droit à la parole », l'autre institution d'État, l'Aca-

démie Royale de Musique, ayant, elle seule, « droit au chant ». Ainsi, il n'existe plus, officiellement, que deux théâtres à Paris, seuls autorisés à se répartir les deux formes alors existantes de l'expression dramatique. Les Italiens, tout juste tolérés, vont résister quelque temps mais seront chassés en 1697. Quant au théâtre de la Foire, contentons-nous de rappeler que les frères Parfaict datent sa naissance de 1678, soit tout juste deux ans, coïncidence ironique, avant la décision royale censée en signer l'arrêt de mort...

L'autre acte politique, c'est, en 1701, l'établissement officiel de la censure, réclamé dès 1697 par le parti dévot. Une censure préventive, confiée dès 1705 au Lieutenant général de police, qui va s'exercer sur les œuvres avant leur représentation et s'étendra rapidement aux œuvres imprimées, après. Une censure qui, pour les spectacles forains, se doublera, dans la salle et pour toute représentation, de la surveillance permanente d'un commissaire, assortie d'un procès-verbal circonstancié...

Le destin du théâtre de la Foire est donc scellé dès sa naissance : toute son existence, celui-ci aura à se confronter aux monopoles et à la censure. Pour survivre, face aux menaces multiples dont il sera l'objet, il lui faudra puiser en lui-même des trésors de ruse, de souplesse et d'invention.

LES LUTTES

1. Face à la Comédie-Française

Sa véritable histoire démarre en fait en 1697. Cette année-là, la troupe des Italiens, installée à Paris depuis 1660 et dirigée par Locatelli, répète une pièce intitulée La Fausse Prude. *Madame de Maintenon, à tort ou à raison, se sent visée. On jugeait les Italiens trop grivois, trop libres : c'est l'occasion rêvée pour se débarrasser d'eux. Les scellés sont mis sur le théâtre, et les Italiens chassés de Paris, laissant vacant un créneau dont les Forains vont s'emparer. La passation se fait naturellement : le public qui, las des airs compassés de la Comédie-Française, allait rire des facéties des Italiens est le même que celui qui désormais va remplir les loges des Foires parisiennes. À la Foire comme à la Comédie-Italienne, on retrouve, les premières années tout du moins, les mêmes masques — Arlequin, Mezzetin et Scaramouche en vedettes —, les mêmes formes, mêlant éléments d'intrigues, lazzis et cabrioles de sauteurs, et le même esprit, volontiers frondeur et grivois. Le succès est immédiat, et s'attire très vite les foudres de la Comédie-Française : celle-ci pouvait encore tolérer les canevas truffés de jargons bergamasques ou napolitains des Italiens ; elle sent en revanche son privilège menacé par la francisation qu'en opèrent les spectacles forains. Et le temps, pour elle, n'est pas aux accommodements.*

L'institution royale traverse en effet une crise dont

elle ne sortira plus jusqu'en 1789. Engluée dans son monopole, drapée dans son orgueil et le respect de la tradition, elle est devenue, en quelques années, incapable de la moindre nouveauté. Des acteurs médiocres et imbus d'eux-mêmes ; des auteurs prisonniers des bienséances et de la « tenue littéraire » de leurs œuvres, tétanisés par l'ombre omniprésente des trois « grands », Corneille, Racine et Molière, entravés par l'observance rigide des multiples règles dramaturgiques — genres et types humains cloisonnés, actions découpées en actes, observance stricte des trois unités... : la Comédie-Française, à peine née, suinte de partout la paresse, la platitude et l'ennui. Et son public fuit. Faute de spectateurs, Dancourt en viendra, en 1709, à fermer temporairement le théâtre. Dans ces conditions, aucune concurrence ne peut être tolérée. Et le danger que le tout jeune théâtre de la Foire lui fait courir est d'autant plus réel que dans ses productions et son esprit s'incarnent exactement les besoins de liberté et de fantaisie éprouvés, en ces dernières années du règne de Louis XIV, par la société parisienne. Pire encore : consciente de répondre en cela aux attentes de son public, la Foire va très vite faire de la Comédie-Française une de ses principales sources de comique, en la mettant en scène, en affublant ses comédiens du titre de Romains et en la parodiant. La guerre est donc tout de suite déclarée : elle durera près de trente ans.

Lutte du pot de terre contre le pot de fer ? En apparence seulement. Certes la Comédie-Française a la force et la loi pour elle : les interdictions vont se succéder, les loges seront plus d'une fois détruites à la hache, et les comédiens se retrouveront parfois « dans un cul-de-basse-fosse ». Mais les entrepreneurs forains vont opposer à cette violence d'État[1] *une incroyable ténacité et, surtout, une formidable capacité d'adaptation et d'invention. Les principaux moments de leur lutte méritent qu'on s'y arrête un instant : d'abord parce qu'en eux-mêmes ils sont porteurs d'une énergie et d'une jubilation communicatives, miroirs fidèles, en cela, de l'esprit frondeur de leur temps, et surtout parce qu'ils ont déterminé l'évolution de leurs productions, et donné naissance à des formes nouvelles. Bien peu de théâtres ont à ce point fait de la scène le reflet de leur histoire, et donné à voir l'impact, sur l'écriture dramatique, des contingences politiques et économiques.*

Profiter des lenteurs de la justice, faire appel des sentences de police devant le Parlement pour pouvoir, en attendant l'arrêt de celui-ci, poursuivre les représentations, telle est, dans une première phase, la tactique adoptée par les Forains. Les Foires étant des lieux de franchise ne dépendent pas, normalement, des décisions royales. Dès 1703, pourtant,

---

1. La Comédie-Française est la première à avoir conscience de la dimension politique de la lutte qui se joue, sur le terrain du théâtre, entre le pouvoir établi et les libertés individuelles. Témoin l'un des nombreux *Mémoires* qu'elle adresse au lieutenant général de police, en 1707. Elle s'y plaint des Forains, « gens sans aveu, sans établissement, qui ne sont connus que par leur désobéissance continuelle que l'on pourrait même nommer une révolte contre les arrêts de la Cour... » (cité par Claude et François Parfaict, *op. cit.*, t. 1, pp. 69-70).

les premières interdictions tombent : pas de pièces, les Forains ont seulement le droit de présenter des « scènes détachées ». Les commissaires, dans la salle, constatent vite que ces scènes ont de nettes relations entre elles... Nouvelle interdiction en 1704, nouveau recours. Le 22 février 1707, sur intervention de la Comédie-Française, un arrêt de la Cour interdit finalement aux Forains tout usage de dialogue. Qu'à cela ne tienne : on a recours au monologue. Un monologue de conception très élastique, comme en témoigne ce procès-verbal dressé au soir du 30 août 1707 par un commissaire un peu dépassé par la situation : « *Ayant pris place dans une loge, nous avons observé qu'après que les marionnettes ont été jouées sur le théâtre, il a paru un Scaramouche et plusieurs acteurs au nombre de sept, qui ont représenté une comédie en trois actes ayant pour titre* Scaramouche pédant scrupuleux. *Que presque à toutes les scènes, l'acteur qui avait parlé se retirait dans la coulisse et revenait dans l'instant sur le théâtre, où l'acteur qui était resté parlait à son tour, et formait ainsi une espèce de dialogue. Que les mêmes acteurs se parlaient et répondaient dans les coulisses ; et que d'autres fois l'acteur répétait tout haut ce que son camarade lui avait dit tout bas*[1]*... »*

1. Claude et François Parfaict, op. cit., t. I, p. 63. Émile Campardon a reproduit dans son ouvrage (*Les Spectacles de la Foire, théâtres, acteurs, sauteurs, et danseurs de corde, monstres, géants, nains, animaux curieux ou savants, marionnettes, automates, figures de cire et jeux mécaniques des Foires Saint-Germain et Saint-Laurent, des Boulevards et du Palais-*

Fureur de la Comédie-Française : en se référant à des scènes célèbres (Sosie parlant à sa lanterne, dans Amphitryon, *ou Scapin jouant dix rôles à lui seul dans la scène du sac des* Fourberies*), elle démontre que la frontière comédie / monologue n'existe pas, et finit par obtenir, le 2 janvier 1709, l'interdiction pour les Forains de recourir à toute forme de langage* parlé — *et la destruction immédiate de plusieurs loges. Formes, public, auteurs : la Foire contre-attaque alors sur plusieurs fronts.*

Dès 1709 apparaissent les pièces « à la muette », essentiellement mimées mais assorties, ici et là, d'éléments de jargon. Un retour, dans l'urgence, aux sources de la Foire. Qui en profite, au passage, pour ridiculiser les « Romains » en les contrefaisant, et mettre ainsi les rieurs de son côté. À la Foire Saint-Laurent, les acteurs « les faisaient reconnaître non seulement par les caractères qu'ils représentaient au théâtre, mais encore en copiant leurs gestes et le son de leurs voix. Cette dernière manière de les peindre se faisait en prononçant d'un ton tragique des mots sans aucun sens mais qui se mesuraient comme des vers alexandrins ». Et les frères Parfaict d'ajouter : « Ce bouffonnage fit un tel effet que, pendant plusieurs Foires, il n'y paraissait pas de pièces qu'on n'y introduisît ce genre de jar-

---

Royal depuis 1595 jusqu'à 1791. Documents inédits recueillis aux Archives nationales, Paris, Berger-Levrault, 1877, réédition Genève, Slatkine 1967 ; cf. site : http://cesar.org.uk.) bon nombre de ces procès-verbaux, dont émane aujourd'hui un indéniable pouvoir comique — de situation et de répétition...

gon, et toujours employé par les Romains[1]. » *Plus largement, à la Foire on va, au cours des saisons suivantes, beaucoup parler turc, indien, ou ogre... Mais certains passages mimés restent un peu obscurs, et le public s'en plaint : dès l'année suivante à la Foire Saint-Germain, Alard introduit la technique qui sera celle du cinéma muet, les cartons. On y* « imprima, en gros caractères et en prose très laconique, tout ce que le jeu des acteurs ne pouvait rendre. Ces cartons étaient roulés, et chaque acteur en avait dans sa poche droite le nombre qui lui était nécessaire pour son rôle ; et à mesure qu'il avait besoin d'un carton, il le tirait et l'exposait aux yeux des spectateurs, et ensuite le mettait dans sa poche gauche[2] ». *L'année suivante apparaissent les premiers écriteaux, plus élaborés, dont l'usage va être lié à l'histoire agitée du vaudeville.*

2. Face à l'Opéra

Le vaudeville — air populaire rajeuni par des paroles nouvelles — est, depuis l'interdiction de 1709, le recours privilégié de la Foire. La plupart des pièces créées entre 1709 et 1712 le sont exclusivement sous forme de couplets, véritables dialogues mis en musique. Formule qui permet de se protéger en partie des foudres de la Comédie-Française, mais qui attire rapidement celles de l'autre institution, l'Académie Royale de Musique, seule maî-

1. *Op. cit.*, t. I, p. 101.
2. *Ibid.*, t. I, p. 109.

tresse du chant. Avec elle, cependant, les relations vont être différentes. Plus souple, plus intéressée aussi — elle est alors criblée de dettes —, elle va, dès 1708 et moyennant finances, céder chèrement[1] *une partie de son privilège à une ou deux troupes, les seules capables de payer. « Une permission plus ample que par le passé » est enfin accordée le 26 décembre 1714 à deux entrepreneurs, la Dame de Saint-Edme et la Dame de Baune, les autorisant à représenter désormais des œuvres mêlant prose et vaudevilles. Ainsi, à l'ouverture de la Foire Saint-Germain de 1715, « ces deux spectacles prirent, dans leurs affiches, le titre d'Opéra-comique qui subsiste encore aujourd'hui*[2] *». Les Forains, cependant, ne sont pas au bout de leurs ennuis : les années suivantes, l'Opéra reste maître du privilège de l'Opéra-comique, l'enlevant quand bon lui semble à la troupe bénéficiaire — en fait selon l'état des recettes de cette dernière —, le transmettant pour un temps à une troupe rivale, voire, certaines années, interdisant à nouveau toute présence du chant. D'où le recours régulier, ces années-là, aux écriteaux. Simplement explicatifs à l'origine, ils deviennent alors un élément dynamique du jeu. Lesage lui-même en donne une définition précise : « Une espèce de cartouche de toile roulée sur un bâton et dans lequel était écrit en gros caractères le*

---

1. Vingt-cinq mille livres en 1716, trente-cinq mille à partir de 1717...
2. Claude et François Parfaict, *op. cit.*, t. I, p. 166.

couplet avec le nom du personnage qui aurait dû le chanter. L'écriteau descendait du cintre et était porté par deux enfants habillés en amours qui le tenaient en support. Les enfants, suspendus en l'air par le moyen de contrepoids, déroulaient l'écriteau ; l'orchestre jouait aussitôt l'air du couplet et donnait le ton aux spectateurs, qui chantaient eux-mêmes ce qu'ils voyaient écrit, pendant que les acteurs y accommodaient leurs gestes[1]. » *Un procédé qui libère le jeu du comédien, raille l'interdit et, dans le plaisir partagé de la transgression, scelle une alliance profonde et ludique entre la scène et la salle. On imagine l'embarras du commissaire chargé de rédiger son procès-verbal...*

LES VRAIS SOUTIENS : LE PUBLIC ET LES AUTEURS

Dans ses luttes pour sa survie, la Foire a toujours pu compter sur la fidélité et la complicité de son public, élément vital[2] *pour des entreprises pri-*

---

1. Lesage et d'Orneval, *Le Théâtre de la Foire ou l'Opéra-comique, contenant les meilleures pièces qui ont été représentées aux Foires de Saint-Germain et de Saint-Laurent*, Paris, Ganeau, 1721-1737, dix volumes, t. II, p. 18.
2. Élément d'autant plus vital, si l'on se souvient que les Forains ne pouvaient jouer, au mieux, que quatre mois par an. Beaucoup d'entreprises ont périclité ; aucune n'a jamais fait fortune. Les comédiens étaient salariés (mal) et pouvaient être licenciés ; les auteurs étaient payés (mal et au forfait). Tous étaient condamnés au succès. Une angoisse qui, loin de les paralyser, leur a donné une énergie de survie exemplaire,

vées dont les recettes sont la seule source de financement. Un public bigarré, composite, à l'image même des pièces de la Foire, mais qui, au fil des ans, va se transformer sociologiquement. Les amateurs de marionnettes et d'arlequinades des débuts vont rapidement, sans disparaître complètement, céder la place aux « gens de qualité ». Une évolution que va brusquement précipiter une décision des entrepreneurs forains, en 1711. Jusqu'à cette date, les prix pratiqués étaient bas, abordables pour la « populace ». Cette année-là, poussés par la nécessité, les Forains décident d'aligner leurs tarifs sur ceux de la Comédie-Française, manière aussi d'affirmer la valeur de leurs productions et de signifier à l'institution royale que, désormais, tous « jouent dans la même cour ». Seuls les spectateurs riches, bourgeois fortunés ou noblesse, pourront, dès lors, peupler les loges de la Foire. Au demeurant, ils avaient sans doute, dès le début, composé la majorité de leur public, ce que semble prouver leur goût jamais rassasié pour les parodies de tragédies et d'opéras, goût qui implique de solides références culturelles et une connaissance préalable de l'original. C'est bien un public de « connaisseurs » qui, tout au long de la Régence,

---

témoin le nombre impressionnant des pièces créées, et celui des acteurs engagés dans les spectacles : rares sont les pièces de la Foire dont la distribution exige moins de dix comédiens. Pour chacune des trois pièces de ce recueil, on atteint la vingtaine, en comptant les danseurs, paysans, et autres ogres et ogresses...

est venu avec ravissement s'encanailler, et rire à la Foire de ses soirées perdues à l'Opéra et à la Comédie-Française.

Une autre donnée n'est sans doute pas étrangère à l'augmentation du prix des places et à l'évolution du public : l'arrivée en renfort des auteurs, qui vont donner à la Foire son essor définitif et sa légitimation. Fuzelier est le précurseur, dès 1701. Débuts d'une fidélité sans faille de plus de quarante ans, laquelle, ajoutée à une production étonnamment prolifique et variée, l'autorisera à s'autoproclamer « le parrain de l'Opéra-comique ». Onze ans plus tard, c'est au tour de Lesage, auréolé du succès de son Diable boiteux *mais fâché avec les « Grands Comédiens » après l'affaire de son* Turcaret *(voir plus loin, dans le dossier, p. 215-219, la partie des Biographies), de venir proposer ses services, bientôt suivi, comme une ombre, par d'Orneval. Leur engagement, à eux aussi, est total, et leur vie, désormais, sera inséparable de celle de la Foire. Une complicité assez rare, dans l'histoire du théâtre, pour être soulignée : La Foire « attrape-tout » ne pouvait rêver auteurs mieux adaptés à ses attentes que ces trois-là, dans leur besoin de liberté, leurs rejets de toute règle et de toute contrainte. Lesage, notamment, est immédiatement à son affaire : « Son génie est dans sa véritable sphère*[1] *», note un contemporain.*

---

1. Jean-Baptiste Rousseau (cité par V. Barberet, *Lesage et le Théâtre de la Foire*, Nancy, Paul Sordoillet, 1887).

UNE AMBITION LITTÉRAIRE

Lesage ne va pas se contenter d'être un des auteurs majeurs de la Foire : au moment même où il entreprend d'écrire pour elle, il affirme en même temps une ambition : donner à celle-ci une identité littéraire, en tentant de proposer un art poétique qui lui serait propre. Il le fera explicitement dans sa préface au premier volume de son édition du Théâtre de la Foire. *Il n'a pourtant pas attendu 1724 pour faire part de ses réflexions. Les prologues joués avant cette date en sont le témoignage, et cela dès* Les Petits-Maîtres, *sa première œuvre foraine, en 1712 : en quelques pages, il y met en scène les tenants du bon goût qu'il espère dorénavant voir régner dans les loges, face à ceux qui souhaitent en rester au vieux fond des bateleurs, fait de rires gras et « gaillards », de « pots de chambre et de pétards*[1] *». Il s'agit pour Lesage et ses deux complices de se démarquer nettement des « jeux bas et trop grossiers » et, tout en conservant à la Foire les ingrédients qui en font le sel — sa fantaisie sans limites, son naturel, sa dimension burlesque et son goût de la parodie — de l'élever à un niveau de « décence littéraire » qui lui permette de rivaliser avec les « grands théâtres », Comédie-Française en tête, mais aussi Italiens, qui*

---

1. Sur ce prologue, voir l'analyse très fine de Françoise Rubellin dans *(Re)Lire Lesage*, Publications de l'Université de Saint-Étienne, 2012, pp. 41 à 48.

vont être de retour à Paris à partir de 1716. Une volonté réitérée très clairement dans leur préface de 1724 : « *Le seul titre de* Théâtre de la Foire *emporte une idée de bas et de grossier, qui prévient contre le livre [...]. On y a vu tant de mauvaises productions, tant d'obscénités, que les lecteurs pourraient d'abord n'être pas favorables à cet ouvrage*[1]. »

Donner une image valorisée de ce théâtre, rompre avec celle des tréteaux dont il est issu : c'est bien l'effet que, secondé par Fuzelier et d'Orneval, Lesage attend de son projet éditorial. Une entreprise équivalente, pour la Foire, à celle de Gherardi et de son célèbre Théâtre-Italien, Recueil Général de toutes les Comédies et Scènes Françaises jouées par les Comédiens-Italiens du Roi[2], *consistant à* « *en éterniser le souvenir* », *en en dressant le monument — et, en l'occurrence, en se réservant la part du lion. Une édition essentielle, mais partielle et subjective — assumée comme telle par ses auteurs —, qui ne donne des productions de la Foire qu'une image incomplète et déformée, puisqu'elle laisse explicitement de côté les pièces jugées trop grossières, ainsi que les* « *dépouilles du vieux Théâtre-Italien* ». *Ce qui fait beaucoup : près des trois quarts des pièces jouées entre 1700 et 1740 sont jetées aux oubliettes, en même temps que la quasi-totalité de ses auteurs.*

Pareilles postures, en 1712 comme en 1724, n'étaient pas seulement affaire d'esthétique. Elles

---

1. *Le Théâtre de la Foire, etc., op. cit.*, t. I, p. 3.
2. Six volumes, Paris, Briasson, 1700.

étaient l'écho d'autres enjeux : unis dès le début contre les deux grandes institutions royales puis plus tard contre les Italiens, les entrepreneurs forains n'ont jamais cessé de s'entre-déchirer. Leurs rivalités touchent tous les domaines : auteurs, sujets, public, obtention, à partir de 1715, du privilège de l'Opéra-Comique... Dans leurs choix et leurs avis, Lesage et ses collègues font la part belle aux troupes auxquelles ils confient leurs pièces, et dénigrent les autres, vite accusées de vulgarité et d'immobilisme. Leurs concurrents en font évidemment autant. D'où un nombre imposant de prologues dans lesquels, jusqu'au titre, chacun accuse l'autre d'imposture, prétend être le seul dépositaire de la « vraie Foire »...

LES DERNIÈRES ESCARMOUCHES

Avec le temps, ces luttes intestines vont peu à peu prendre toute la place. À la fin des années 1720, la Foire n'est plus vraiment menacée de disparition. Elle a pignon sur rue. Elle prend même de grands airs, hausse le ton, au point d'accuser ses rivaux, Italiens et Français, de venir la piller à leur tour, elle qui n'a cessé depuis le début de les parodier. Un exemple, qui prouve qu'elle conserve en tout cas tout son mordant : en 1726, Lesage, Fuzelier et d'Orneval, constatant « le goût qui règne depuis quelques années dans les pièces tant Françaises qu'Italiennes, dans la plupart desquelles on voit le fond et la forme des divertissements forains[1] », font jouer à la Foire Saint-Laurent Les Comédiens corsaires, *un prologue qui met en scène l'abordage du vaisseau de l'Opéra-comique par deux navires pirates, commandés l'un par Scaramouche, l'autre par M. Desbroutilles, Comédien-Français. Avant l'assaut, celui-ci expose son plan, en parodiant, au passage, le* Mithridate *de Racine :*

Approchez, mes amis. Enfin l'heure est venue
Qu'il faut que mon secret éclate à votre vue.
À mon juste dessein vous devez conspirer :
Il ne me reste plus qu'à vous le déclarer.
Depuis qu'aux Tabarins les Foires sont ouvertes,
Nous voyons le préau s'enrichir de nos pertes ;
Et là, les spectateurs, de couplets altérés,
Gobent les Mirlitons qui les ont attirés :
Ils y courent en foule entendre des sornettes ;
Nous pendant ce temps-là nous grossissons nos dettes.
Molière et les auteurs qui l'ont suivi de près
De nos tables jadis ont soutenu les frais :
Mais vous le savez tous, notre noble comique
Présentement n'est plus qu'un beau garde-boutique ;
Lorsque nous le jouons, quels sont nos spectateurs ?
Trente contemporains de ces fameux Auteurs.
Ainsi donc nous devons, sans tarder davantage,
Pour rappeler Paris donner du batelage.
Si vous me demandez où nous l'irons chercher,
Amis c'est aux Forains que nous devons marcher.
Le Comique Opéra pour se rendre à Marseille
Va passer par ici. Vite qu'on appareille !

1. Avertissement au Prologue *Les Comédiens corsaires*, in *Le Théâtre de la Foire, etc., op. cit.*, t. VI, p. 231.

Attaquons ses vaisseaux, pillons tous ses effets,
Ses morceaux polissons, ses burlesques ballets !
Voilà quel est mon but. La Troupe Italienne
Secondera l'effort de la Troupe Romaine,
À notre bâtiment joindra son brigantin ;
Et nous partagerons entre nous le butin.
Il faudra par la suite en faire un tel usage
Que le Parisien, voyant le batelage
Dans sa ville régner de l'un à l'autre bout,
Doute où sera la Foire, et la trouve partout.

Les Forains sont faits prisonniers, leurs ballots contenant costumes, pièces et parodies sont pillés. Puis les pirates obligent leurs captifs... à jouer devant eux deux pièces, afin, disent-ils, « que nous puissions attraper leur goût ; car diable ! la sauce vaut encore mieux que le poisson » — *bel hommage des auteurs rendu à la supériorité du jeu des acteurs forains et à leur capacité d'improvisation. Ainsi commence la soirée...*

Mais les temps héroïques sont révolus. La Foire, peu à peu, va s'institutionnaliser, et sa force subversive s'émousser d'autant. Elle ploie sous les dorures. Ainsi, en 1743, on construit à la Foire un nouveau théâtre, l'Opéra-Comique : décorations de Boucher, musiques de Rameau, ballets réglés par Préville. Simultanément, les frontières entre les Italiens et les Forains sont devenues poreuses : les auteurs sont les mêmes, se pillent cordialement les uns les autres ; les acteurs forains vont jouer de plus en plus chez les Italiens, ou dans les théâtres qui, vers 1740, commencent à fleurir du côté des

*Boulevards — et qui ouvrent, eux, toute l'année. La Foire, peu à peu, perd sa raison d'être : en 1762, L'Opéra-Comique quitte définitivement ses enclos, et fusionne avec la Comédie-Italienne. En un peu plus d'une génération, la Foire aura offert à l'histoire de la scène un moment de spectacle total, en conservant ce que l'héritage des tréteaux et des Italiens pouvait véhiculer de plus ludique — les masques et les lazzis, le jeu acrobatique et souple des sauteurs, des jongleurs et des mimes ; en réussissant à relier ce monde du corps à celui du Verbe, et créant par là même un type nouveau de comédien, à la formation polyvalente et au style de jeu plus libre et naturel ; en croisant, enfin, tous les modes d'expression scénique du temps, séparés jusqu'alors — seuls comédie et ballet s'étaient déjà rencontrés — : danse, dialogues et chant. En disparaissant, elle lègue au monde du spectacle le vaudeville, la pantomime, l'opéra-bouffe et l'opérette. Et un esprit, un style de jeu qui vont imprégner tout le XIXe siècle. Sans elle, pas d'Offenbach ni de Labiche. Pas de Boulevard du Crime ni d'*Enfants du paradis.

LES ŒUVRES

Elle laisse aussi derrière elle une production gigantesque : on a répertorié, joué le temps des Foires entre 1700 et 1763, pas moins de huit cent cinquante-trois pièces, écrites par quatre vingt-cinq auteurs. Une production d'une immense variété dont on peut se faire une idée assez précise à travers le choix que propose, en dépit de son caractère réducteur, l'édition des dix volumes du Théâtre de la Foire.

Divertir en est le mot clé.

> Chers amis réjouissons-nous
> Faisons les fous.
> Être fou et se réjouir
> C'est être sage
> Être sage sans se réjouir
> C'est être fou[1].

Tel est l'unique message que va délivrer Arlequin tout au long de sa présence sur les planches de la Foire, et qui résume toute sa conception du monde. L'ennui, voilà l'ennemi : fuir toute pesanteur est bien la règle d'or qui va déterminer chaque pas de la Foire pendant toute son existence, et lui donner son identité. Dans tous les domaines, jeu des acteurs, conception des intrigues, thèmes abordés, organisation des représentations, rythme des productions, la priorité est donnée en permanence à la variété et à la nouveauté : c'est elle qui fait préférer les œuvres brèves, composer le « menu » des soirées, au nom de la certitude qu'une entrée suivie de deux mets différents a davantage de chances d'être plus digeste qu'un seul gros plat ; c'est elle qui oblige à renou-

---

1. *Le Jeune Vieillard* (in *Le Théâtre de la Foire, etc., op. cit.*, t. V), représenté à la Foire Saint-Laurent en 1722.

veler « la carte » d'une année sur l'autre — on évite les reprises, y compris des plus grands succès ; on n'y a recours que pour combler un vide ou l'échec d'une pièce nouvelle. C'est le règne de l'éphémère, que Lesage et ses acolytes théorisent a posteriori dans la préface de leur édition de 1724 : « Nous avons préféré divertir en effleurant les matières, que d'ennuyer en les épuisant. » C'est ce qui décide de la forme des pièces : « Il n'y faut point chercher d'intrigues composées ; chaque pièce contient une action si simple et même si serrée qu'on n'y voit point de ces scènes de liaison languissantes qu'il faut essuyer dans les meilleures comédies[1]. » Les pièces foraines, dans leur écrasante majorité, se présentent donc sous la forme d'une situation, dont elles déclinent ensuite les variations, permettant d'offrir chaque fois les images du défilé de toute une humanité. Seule compte la fantaisie, et la diversité des thèmes et des univers. Tout est bon pour faire rire : le fait divers le plus récent, le dernier four de la Comédie-Française, l'opéra dont on parle, un passage de l'Odyssée, et ces sources inépuisables que sont la mythologie et l'orientalisme à la mode, les deux mondes privilégiés, au XVIIIe siècle, du contournement, par le biais desquels peuvent s'exprimer, sans faire courir trop de dangers à leurs auteurs, satire sociale et satire politique. Deux mondes également sources inépuisables de fantasmes, et qui ouvrent en même temps en

1. *Le Théâtre de la Foire*, etc., *op. cit.*, t. 1 p. 8.

permanence sur le merveilleux. Une palette d'inspiration, on le voit, extrêmement vaste.

Mais l'originalité profonde de la Foire est ailleurs. Moins dans le choix des sujets que dans leur télescopage, essence même de la parodie et du burlesque. Télescopage comique des lieux, des époques, des langages : tout est possible à la Foire, lieu de l'irrespect et de la dérision. Dieux, déesses et héros qui peuplent les tragédies et les opéras se retrouvent ici incarnés par Pierrot, le niais de service, Colombine ou Arlequin ; leurs Olympes ou leurs palais se dressent désormais à la Foire même, entourés de marchands de saucissons et de bonnes bouteilles — une aubaine pour Arlequin — ; la roche Tarpéienne est près de l'Opéra, et le Capitole jouxte la Comédie-Française ; les identités séparées ne font plus qu'une : les compagnons d'Ulysse, transformés en pourceaux par Circé, sont des ex-procureurs, ou d'anciens agioteurs de la rue Quincampoix ; il suffit souvent d'une seule phrase pour relier directement le mythe au réel le plus trivial, et abolir temps et espaces...

LA FOIRE, REFLET DE SON TEMPS

Les chemins de la dérision et de la parodie seront encore beaucoup empruntés, avec génie parfois, d'Offenbach au cinéma (Marx Brothers, Tex Avery, Monty Python, et jusqu'à notre Mission Cléopâtre*...), en passant par les chansonniers et les* *imitateurs. Mais quand règne la liberté d'expression et que disparaît l'essentiel de la peur du gendarme, s'évanouit nécessairement en même temps une partie de la puissance corrosive de la subversion. On continue de rire ; on rit moins « contre ». La force de la Foire est d'avoir pleinement coïncidé avec le profond mouvement antiautoritaire qui mine alors la monarchie française. La scène, en effet, peut bien se situer sur une île imaginaire ou à la Cour de Rome et se peupler d'ogres, de sultans et de belles enchanteresses, c'est toujours de la société française du début du XVIIIe siècle qu'il s'agit. Un roi qui apparaît sous les traits cocufiables de Pierrot est un roi ridicule : l'entreprise de dégradation à l'œuvre dans le burlesque est aussi une entreprise de dégradation de l'autorité. Dans sa lutte contre les privilèges — et en utilisant l'arme du rire — la Foire rencontre l'esprit frondeur d'une société trop longtemps corsetée et avide d'émancipation, assoiffée de plaisirs et de liberté, au point de s'enivrer jusqu'à l'autodestruction. On rit, et l'on se rit de tout. D'où ce phénomène d'osmose, rare dans l'histoire du théâtre[1], entre les spectacles forains et leur public, même si ce public — principalement formé, on l'a vu, de nobles — rit aussi de lui-même. Il en*

---

1. Si l'on excepte Athènes au Ve siècle et les Mystères médiévaux. Le lien alors était de type religieux. Plus récemment, on pourrait citer, pour ceux qui les ont vécues, les années Vilar, au TNP, entre 1951 et 1963, et les premières années du festival d'Avignon. Mais il s'agissait, là encore, d'une forme de communion...

a l'habitude. Précédemment ridiculisé par Molière, il en verra d'autres : quelques dizaines d'années plus tard, Beaumarchais l'étrillera d'une autre manière, ce qui ne l'empêchera pas d'applaudir à tout rompre au spectacle de sa déconfiture.

Car dans le Monde renversé[1] *célébré par Arlequin où être sage c'est être fou, on devine aussi un monde à renverser. On s'étourdit, on n'est pas dupe : sous le masque d'Arlequin, derrière le cynisme affiché, il y a la même angoisse, occultée par le divertissement, que celle qui se lit derrière les masques du carnaval de Venise. Et les instantanés théâtraux de la Foire évoquent les tableaux de genre d'un Pietro Longhi ou d'un Guardi, moins par leur intimisme commun que dans leur fonction de miroir tendu à leurs contemporains qui y lisent, sans trop vouloir s'y attarder, les signes de leur désagrégation programmée.*

Mais pour l'heure encore, à la Foire, « tout finit par des chansons »...

DOMINIQUE LURCEL

---

1. C'est le nom d'une pièce en un acte de Lesage et d'Orneval, jouée en 1718 à la Foire Saint-Laurent.

NOTE SUR L'ÉDITION

Toute anthologie du théâtre de la Foire s'avère d'emblée partielle et subjective. Une réalité à laquelle Lesage et ses complices, Fuzelier et d'Orneval, n'ont pu échapper, quand bien même leur latitude était plus vaste que la nôtre. On eût pu choisir ici quatre pièces donnant, chacune, un aspect particulier de la production foraine (pièce à écriteaux, vaudeville, pièce en prose, parodie d'opéra...). On a préféré donner une autre cohérence à ce recueil. Une cohérence d'abord historique et chronologique : les pièces qu'il réunit datent toutes des années 1720 et 1721, années charnières dans l'histoire de la Foire. Elles donnent de ses luttes une illustration particulièrement vivante. Surtout, dimension plus décisive encore, les textes qu'on trouvera ici sont, *in extenso*, ceux que Jean-Louis Barrault a choisis, en 1986, pour en faire la base de son spectacle *Théâtre de Foire*, spectacle du quarantième anniversaire de la Compagnie Renaud-Barrault, et le dernier qu'il devait mettre en scène. Ainsi, introduction à l'univers de la Foire, ce volume se veut également un acte de mémoire, un hommage ému à l'entrepreneur forain qu'il était, et au Baptiste des *Enfants du paradis*.

REMERCIEMENTS

Revenir au théâtre de la Foire trente ans après mon anthologie parue en 10-18, chez Christian Bourgois, n'allait pas de soi. Je m'étais éloigné de ce monde ; la recherche avait considérablement progressé ; je craignais de ne pas arriver à trouver la voie juste, entre l'ancien et le nouveau. En décembre 2012, j'ai rencontré Françoise Rubellin, responsable à l'Université de Nantes du Centre d'Études des théâtres de la Foire. Elle a accueilli mon projet comme si c'était le sien. Elle a mis son savoir et son enthousiasme à ma disposition. Elle m'a fait part de ses dernières découvertes. Les textes de mon édition de 1983 péchaient par un certain nombre d'inexactitudes : Françoise Rubellin et deux de ses chercheuses, Rosalie Boistier et Fanny Prou, les ont relus, corrigés, m'ont proposé des annotations. Je me suis senti entouré, porté par une équipe généreuse et passionnée. Cette nouvelle édition, du coup, a pris tout son sens, et j'y ai retrouvé, moi, tout mon plaisir. Grâces soient rendues à Rosalie, à Fanny, et surtout à Françoise, pour cette amitié nouvelle.

D. L.

Arlequin roi des Ogres, ou les Bottes de sept lieues

Pièce d'un acte de Lesage, Fuzelier et d'Orneval, représentée par la troupe du Sieur Francisque à la Foire de Saint-Germain, 1720.

PERSONNAGES

ARLEQUIN.
ADARIO } *principaux des Ogres.*
SASTARETSI
PIERROT, *cuisinier du roi des Ogres.*
DEUX MARMITONS.
LE POURVOYEUR.
UNE FRANÇAISE.
UNE CIRCASSIENNE[1].
SCARAMOUCHE.
PLUSIEURS GRIVOIS[2].
TROUPE D'OGRES ET D'OGRESSES.
DANSEURS ET DANSEUSES DE L'OPÉRA DE PARIS.
UN CHAT SAUVAGE.

La scène est dans une île habitée par des Ogres.
Le théâtre représente une île, des rochers et des arbres dans les ailes, et dans le fond une mer agitée, dans laquelle on voit Arlequin qui s'efforce de gagner le rivage, à l'aide d'une planche qu'il tient.

SCÈNE I

ARLEQUIN, *seul.*

Il prend terre et après s'être secoué comme un barbet[1] qui sort de l'eau, il dit :

Grâces au ciel, me voici échappé du naufrage. J'ai été plus heureux que mon ami Scaramouche, qui aura sans doute été englouti dans les flots. Mais que dis-je, plus heureux ! Je suis peut-être dans une île déserte, où je vais périr par la faim, si quelque bête féroce ne la prévient en me dévorant.

Il regarde avec inquiétude de tous côtés.

Hoïmé ! Il me semble que j'en vois courir là-bas quelques-unes.

Il jette les yeux sur une peau de chat sauvage qui est étendue sur un arbrisseau, ce qui lui fait faire quelques pas en arrière.

Ahi ! ahi ! ahi ! Qu'est-ce que c'est que cela ? Voyons un peu.

> *Il se rapproche en tremblant, prend la peau et l'examine.*

Je crois que c'est la peau d'un tigre ou d'un chat sauvage. Parbleu ! Cela m'inspire une bonne idée. J'ai envie de me couvrir de cette peau. Les animaux me prendront pour un animal et comme ce ne sont pas des hommes, ils respecteront leur semblable.

> *Il se couvre de la peau.*

SCÈNE II

ARLEQUIN, UN CHAT SAUVAGE

> *À peine Arlequin s'est-il revêtu de la peau, qu'il voit descendre du haut d'un rocher un gros chat sauvage qui, l'apercevant aussi, vient à lui.*

ARLEQUIN, *effrayé.*

O poveretto mi !

LE CHAT

Miaou, miaou, miaou.

ARLEQUIN, *bas.*

Il faut que je le flatte.

Il va au-devant du chat et lui dit d'une voix caressante :

Mini, mini, mini.

LE CHAT, *caressant Arlequin.*

Miaou, miaou.

ARLEQUIN

Ah, morbleu ! C'est apparemment une chatte en chaleur qui me prend pour son mâle.

Haut.

Vous vous adressez mal, ma pauvre minette.

Le chat flaire Arlequin, qui le flatte en lui passant la main sur la tête et sur le dos. La bête dresse la queue comme font les chats en pareille occasion. Elle fait ensuite quelques cabrioles qu'Arlequin imite. Après quoi, ils grimpent tous deux sur un grand arbre, où ils font plusieurs tours de passe-passe.

SCÈNE III

ARLEQUIN, LE CHAT, ADARIO,
SASTARETSI, OGRES ARMÉS DE FUSILS

ADARIO, *à demi-voix.*

Le chat sauvage que nous poursuivons doit être ici.

LE CHAT

Miaou, miaou.

SASTARETSI, *bas*.

Je l'entends.

ADARIO

En voilà deux. Tire sur celui qui est le plus élevé, moi je vais tuer l'autre.

> *Les deux Ogres couchent en joue l'un le chat, et l'autre Arlequin.*

ARLEQUIN, *les apercevant*.

Attendez, attendez. Ne tirez point !

SASTARETSI

Quel prodige ! Des chats qui parlent !

ADARIO

Ne tirons pas.

> *Arlequin descend de l'arbre, et vient caresser les Ogres. Le chat saute à terre et se sauve.*

SCÈNE IV

ARLEQUIN, ADARIO, SASTARETSI

ADARIO

L'aimable bête ! Elle est tout apprivoisée.

SASTARETSI

Parbleu, voilà un joli animal !

ARLEQUIN, *se dressant sur ses jambes.*

Animal vous-même. Apprenez que je ne suis chat que par bénéfice d'inventaire[1].

ADARIO

Ah, c'est un homme !

ARLEQUIN

Dame oui, je suis homme, et homme d'un rude appétit.

SASTARETSI

Qui êtes-vous ? D'où venez-vous ? Et par quelle aventure vous trouvez-vous dans notre île ?

ARLEQUIN

Je m'appelle Arlequin, Chevalier d'industrie[2]. Je viens de Paris. J'en étais parti avec deux cents jeunes gens d'élite, tant mâles que femelles, que la police avait choisis par prédilection pour aller fonder d'honnêtes familles au Mississippi. On nous avait embarqués à la Rochelle ; et il y avait un mois que nous voguions à souhait, lorsqu'il s'est tout à coup élevé un vent de tous les cinq cent mille diables (*il imite le sifflement des vents*) qui a renversé notre vaisseau cul par-dessus tête. Quand j'ai vu cela, j'ai vite empoigné une planche...

Il se jette sur Adario et le serre étroitement.

ADARIO

Ahi ! ahi ! vous me faites mal !

ARLEQUIN

Je vous demande pardon, Monsieur, c'est que j'avais peur de manquer la planche.

SASTARETSI

Hé bien ?

ARLEQUIN

Je me suis donc saisi de cette planche ; je me suis mis à califourchon dessus, et aussitôt me voilà à piquer des deux (*il imite un écuyer qui excite un cheval à galoper*). Cette chienne de monture faisait des courbettes comme un cheval de l'Académie, et avait un dos tranchant qui m'a tout écorché certain endroit...

ADARIO, *riant.*

Ha, ha, ha, ha !

SASTARETSI, *riant aussi.*

Hé, hé, hé, hé !

ARLEQUIN

Ho, ho, ho, ho ! Vous n'y êtes pas ! Ma plus grande peine a été de me défendre contre des monstres marins qui sont venus m'insulter sur la route. Je voyais de gros merlans qui me voulaient manger les jambes, mais à grands coups de batte, je vous les coupais en deux : paf, paf !

> *En même temps, il donne des coups de batte sur l'estomac des Ogres.*

ADARIO

Tout beau, tout beau !

SASTARETSI

Doucement, s'il vous plaît ! Je ne suis pas un merlan.

ARLEQUIN

Excusez, messieurs, je croyais y être encore. Enfin, après avoir lutté plus de vingt-quatre heures contre la mer et les poissons, j'ai pris terre en cet endroit, où j'ai trouvé cette peau que j'ai endossée, pour me mettre à couvert de la dent meurtrière des bêtes.

ADARIO

Nous sommes ravis, Seigneur Arlequin, que vous soyez hors de péril.

ARLEQUIN

J'ai satisfait votre curiosité, je vous prie de contenter la mienne. Dans quel pays suis-je ici ?

ADARIO

Dans le royaume d'Ogrélie. Et vous ne pouviez y arriver plus à propos.

ARLEQUIN

Pourquoi cela ?

ADARIO

Je vais vous le dire. Nous avons perdu notre roi. Les principaux de la nation se sont disputé la couronne, et pour les accorder et pour prévenir une guerre civile, il a été arrêté dans une assemblée du peuple que l'on mettra sur le trône le premier étranger qui abordera ici. Par conséquent, c'est vous qui devez être notre roi.

ARLEQUIN

Oui-da. Prenons toujours cela, en attendant mieux.

ADARIO, *à Sastaretsi.*

Sastaretsi, courez vite aux cabanes. Publiez que nous avons un étranger, et que chacun se prépare à le recevoir.

ARLEQUIN

Ne perdez point de temps.

Sastaretsi sort.

SCÈNE V

ARLEQUIN, ADARIO

ADARIO

Vous allez voir avec quelle pompe et quelle cérémonie on va vous élever à l'Empire.

ARLEQUIN

J'aimerais mieux qu'on ne fît pas tant de façons, et qu'on me donnât vite à manger.

ADARIO

C'est par où nous commencerons.

ARLEQUIN

Vous ferez fort bien, car les cérémonies sont mortelles dans l'état où je suis.

ADARIO

Vous ne mourrez pas de faim dans un pays où l'on ne vit que pour bien manger et bien boire.

ARLEQUIN

Cela est de mon goût. Je vous proteste que vous aurez en moi un souverain digne de ses sujets.

ADARIO

Je juge à votre air que vous ne pouviez mieux tomber.

ARLEQUIN

Mais, dites-moi un peu, comment s'appellent ici les hommes ?

ADARIO

Ogres.

ARLEQUIN

Voilà un mot bien baroque. Et les femmes ?

ADARIO

Ogresses.

ARLEQUIN

Ogresses ! Les vilains noms ! Mais à cela près, sont-elles jolies ?

ADARIO

Toutes charmantes.

ARLEQUIN

Nous verrons cela tantôt...

> *En cet endroit, on entend un son de fifres et de tambours de basque[1], mêlé de cris de joie et des paroles suivantes, chantées par plusieurs ogres.*

OGRES, *qu'on ne voit point.*

Hola, lala, leraguïou !
Hola, lala, leraguïou[1] !

ARLEQUIN

Qu'entends-je ? Je crois, Dieu me pardonne, qu'ils crient des ragoûts.

ADARIO

Ce sont vos peuples qui viennent vous reconnaître pour leur roi.

SCÈNE VI

ARLEQUIN, ADARIO, TROUPE D'OGRES

Ils arrivent tous en dansant et en chantant.

CHŒUR D'OGRES

Hola, lala, leraguïou !
Hola, leraguïé !
Hola, lala, leraguïou !
Hola, lala, leraguïou !

ARLEQUIN, *les contrefaisant.*

Hola, lala, leraguïou !

Les Ogres se prosternent devant Arlequin. Ensuite ils se rangent en deux files, accroupis, ayant les coudes sur les genoux, et les deux poings sous le menton. Un vieillard s'avance et présente à genoux une couronne à Arlequin, qui fait ses lazzis[1].

LE VIEUX OGRE

Nimackoaula, Kir Okima !

CHŒUR

Nimackoaulamin, Kir Okima !

ARLEQUIN

Kir Okima. Que diable est-ce que cela signifie ?

ADARIO

Cela veut dire : nous te saluons, roi !

ARLEQUIN

Oh ! Messieurs mes Sujets, je suis bien votre serviteur.

ADARIO, *aux Ogres.*

Chichinta, nimita.

Tous les Ogres se lèvent, et dansent autour d'Arlequin en chantant plusieurs fois ces deux mots :

CHŒUR

Chichinta, nimita.

ARLEQUIN, *les imitant.*

Chichinta, nimita.

Après quoi, il lève sa batte et dit :

En voilà assez, en voilà assez. Allons dîner à cette heure.

Les Ogres prennent Arlequin et le mettent sur un brancard porté par quatre hommes. L'orchestre joue une marche, les Ogres défilent deux à deux en poussant de grands cris de joie. La marche est fermée par des Ogres qui portent des massues.
Le théâtre change, et représente une campagne où il y a plusieurs cabanes entourées d'arbres étrangers.

SCÈNE VII

PIERROT *en cuisinier*,
DEUX MARMITONS

PIERROT, *à un des marmitons.*

Ho çà, Fouille-au-pot, allez avertir le Pourvoyeur que nous avons un nouveau roi qu'il faut régaler. Dites-lui qu'il graisse ses bottes, et se prépare à aller chercher de la chair fraîche.

PREMIER MARMITON

Où voulez-vous qu'il aille à la provision ? En Espagne ?

PIERROT

Non. Je n'ai pas été content de l'Espagnolette qu'il apporta l'autre jour. Elle sentait trop l'ail et la ciboule.

SECOND MARMITON

Ira-t-il en Hollande ?

PIERROT

La chair y est trop molle.

PREMIER MARMITON

En France ?

PIERROT

La marchandise y est bien mêlée. Et il y a longtemps que nous n'avons rien mangé de bon de ce pays-là.

SECOND MARMITON

Cela est vrai.

PIERROT

La chair n'y est pas mauvaise quand on sait la choisir ; mais nous avons un Pourvoyeur qui n'y entend rien.

PREMIER MARMITON

Il croyait pourtant vous donner un friand morceau, quand il vous apporta dernièrement ce petit-maître.

PIERROT

Il n'avait que la peau et les os. Il était si sec que je le pris d'abord pour un poète.

Scène VII

SECOND MARMITON

Et cette grosse Parisienne qui pesait six cents ?

PIERROT

C'était une baleine dont nous n'avons pu tirer que de l'huile.

PREMIER MARMITON

Vous souvenez-vous de ce procureur que vous mîtes à la daube ?

PIERROT

Le diable de ragoût ! Il était si dur, qu'après avoir bouilli deux fois vingt-quatre heures, quatre chasseurs affamés n'en purent tirer parti.

SECOND MARMITON

Quel bruit est-ce que j'entends ?

PIERROT

C'est sans doute le roi qui arrive. Courez vite au Pourvoyeur. Qu'il vienne ici. Sa Majesté ogrienne lui dira elle-même ce qu'elle veut manger.

SCÈNE VIII

PIERROT, ARLEQUIN, ADARIO,
TROUPE D'OGRES

ADARIO

Seigneur, voilà votre cuisinier. Vous n'avez qu'à lui ordonner ce qu'il vous plaira.

ARLEQUIN, *à Pierrot.*

Qu'as-tu à me donner à dîner, mon ami ?

PIERROT

Je n'ai, ma foi, rien du tout.

ARLEQUIN

Bonne chienne de cuisine ! Hé, va-t'en dans le poulailler, animal. Fais main basse sur tout ce que tu trouveras. Prépare vite une matelote de dindons, mets-moi un cochon de lait à la crapaudine.

ADARIO

Nous voulons vous donner quelque chose de meilleur. Votre Grand Pourvoyeur va se rendre ici.

ARLEQUIN

Qu'est-ce que c'est que ce Pourvoyeur ?

ADARIO

C'est le premier officier de la Couronne.

PIERROT

Le voici.

SCÈNE IX

ARLEQUIN, PIERROT, ADARIO,
TROUPE D'OGRES, LE POURVOYEUR

Le Pourvoyeur est un géant qui a deux grandes bottes de sept pieds de haut. Il passe précipitamment par-dessus la tête d'Arlequin, qui tombe d'effroi.

ARLEQUIN

Miséricorde ! Je suis perdu !

PIERROT

Qu'avez-vous ?

ARLEQUIN, *se relevant.*

Quel diable d'escogriffe[1] !

PIERROT

C'est un grand dépendeur[2] d'andouilles que ce drôle-là.

ADARIO

Grand Pourvoyeur, allez vite chercher pour le roi quelque morceau qui soit digne de sa bouche.

LE POURVOYEUR

Mi.

PIERROT

Que ça soit bien délicat.

LE POURVOYEUR

Oui.

ADARIO

Quelque chose de frais et de dodu.

LE POURVOYEUR

Ita.

PIERROT

Qui soit jeune et tendre.

LE POURVOYEUR

Ja.

PIERROT

Que Sa Majesté en puisse lécher ses doigts.

LE POURVOYEUR

Outôs.

ARLEQUIN

Et dépêchez-vous surtout.

LE POURVOYEUR

Signor, si.

ADARIO

Qu'ordonnez-vous qu'il apporte ?

ARLEQUIN

Hé, morbleu, qu'il apporte ce qu'il voudra. Je mange de tout. Mais qu'il ne perde point de temps.

ADARIO

Allez-vous-en promptement en Europe et revenez chargé de provisions.

> *Le Pourvoyeur part subitement. Pierrot le suit.*

SCÈNE X

ARLEQUIN, ADARIO, TROUPE D'OGRES

ARLEQUIN

Que le diable vous emporte avec votre Pourvoyeur. Aller chercher mon dîner en Europe !

ADARIO, *souriant.*

Là, là, Seigneur. Ne vous impatientez pas.

ARLEQUIN, *tapant du pied.*

Mais, ventrebleu ! Je serai mille fois mort de faim avant qu'il soit revenu !

ADARIO

Oh, que non ! Vous ne connaissez pas encore le mérite de votre Pourvoyeur. Il a les bottes de sept lieues.

ARLEQUIN

Qu'appelez-vous les bottes de sept lieues ?

ADARIO

Ce sont ces fameuses bottes dont il est fait mention dans l'histoire des fées.

ARLEQUIN

Comment donc ?

ADARIO

Votre Pourvoyeur fait avec ces bottes-là sept lieues par enjambées, et franchit d'un saut la mer la plus large.

ARLEQUIN

Cela n'est pas possible !

ADARIO

Pardonnez-moi. Il parcourt les quatre parties du monde trois ou quatre fois par jour. Aussi parle-t-il toutes sortes de langues.

ARLEQUIN

Malepeste ! La bonne paire de bottes !

ADARIO

Elles nous sont fort nécessaires, puisque, par leur moyen, ce géant, qui est doué d'une force extraordinaire, nous apporte toutes les choses dont nous avons besoin.

ARLEQUIN

Rien n'est plus commode.

ADARIO

Tenez. Le voilà déjà de retour.

SCÈNE XI

ARLEQUIN, ADARIO, TROUPE D'OGRES, PIERROT, LE POURVOYEUR, UNE JEUNE FRANÇAISE

LE POURVOYEUR, *amenant la jeune Française.*

Chair fraîche ! Chair fraîche !

ARLEQUIN

Ha-ha ! Peste ! Quel voyageur ! Mais que m'apportes-tu là ?

LE POURVOYEUR

C'est une jeune fille que je viens de prendre à Paris.

ARLEQUIN

Elle est, ma foi, toute mignonne. Tu as commencé par le moins pressé, mon ami, mais n'importe. Avancez, ma poulette.

LA FRANÇAISE, *pleurant.*

Ah ! Ah ! Ah !

ARLEQUIN

Ne pleurez pas, ma petite. Je ne suis pas si diable que je suis noir.

LA FRANÇAISE

Ma chère mère !

ARLEQUIN

Taisez-vous, mon trognon. Vous la reverrez bientôt. En attendant, nous vous ferons bonne chère, nous vous donnerons des bonbons.

PIERROT

Hé bien, seigneur, voulez-vous qu'on vous l'habille tout à l'heure ?

ARLEQUIN

Hé, n'est-elle pas habillée, benêt ?

À Adario.

Elle est à manger !

ADARIO

Cela sera exquis.

PIERROT

À quelle sauce souhaitez-vous que je vous la mette ?

ARLEQUIN

Belle demande !

PIERROT

Vous la servirai-je à la croque au sel ? L'aimerez-vous mieux au bleu, au basilic, à la broche ?

ARLEQUIN, *le frappant de sa batte.*

Tais-toi, impertinent. Je t'apprendrai à rire avec ton maître !

ADARIO

Il vous parle fort sérieusement. Il a cru que vous seriez bien aise de la manger.

ARLEQUIN

Le butor !

ADARIO

Votre Majesté ne sait peut-être pas que le roi et les Ogres de distinction ne vivent ici que de chair fraîche.

ARLEQUIN

De chair fraîche ! Ah, l'horrible chose !

LA FRANÇAISE, *à part.*

Malheureuse que je suis !

PIERROT

Vous êtes bien dégoûté ! Que diantre vous faut-il donc ?

ARLEQUIN

Il me faut de bons aloyaux, des gigots, des andouilles, des cervelas, du jambon.

PIERROT

Vous n'y pensez pas ! Vous demandez là les mets des petites gens d'Ogrélie.

ARLEQUIN

Hé, je veux vivre comme les petites gens, moi ; manger une échinée de cochon et du bœuf à la mode.

PIERROT, *à part.*

Nous v'là bien tombés...

LA FRANÇAISE, *à Arlequin.*

Eh ! Seigneur, renvoyez-moi. Je vais mourir de frayeur ici.

ARLEQUIN

Soit. Aussi bien, je pourrais quelque jour sans le savoir vous manger en salmis.

Au Pourvoyeur.

Allons, Pourvoyeur. Ramenez-la tout présentement chez elle.

> *Le Pourvoyeur part avec elle. Arlequin dit ensuite à Pierrot :*

Et toi, cuisinier de malheur, envoie-moi chercher de quoi faire un bon haricot et afin que je sois sûr de la viande que tu y mettras, fais apporter ici la marmite. Je veux l'avoir sous mes yeux.

> *Pierrot se retire, et tous les Ogres le suivent.*

SCÈNE XII

ARLEQUIN, ADARIO

ADARIO

Seigneur, vous ne devriez point mépriser ainsi la chair fraîche. La politique vous le demande, et si vous saviez d'ailleurs combien elle est excellente...

ARLEQUIN

Ne me parlez point de cela. Que vous êtes barbares !

ADARIO

Moins que les autres hommes.

ARLEQUIN

Manger son semblable ! Quelle cruauté !

ADARIO

Hé, n'en faites-vous pas paraître davantage, vous autres, lorsque vous égorgez d'innocentes bêtes pour vous nourrir de leur chair, après qu'elles ont labouré vos champs, après qu'elles vous ont donné leurs toisons pour vous couvrir ? Nous, en mangeant des hommes, nous pensons en même temps purger la terre de mauvais animaux, de monstres pleins de malice, qui ne songent qu'à nous nuire.

ARLEQUIN

La terre, à votre compte, vous a bien de l'obligation !

ADARIO

Vous, qui pensez avoir en partage toute l'humanité, comment en usez-vous les uns avec les autres ? Vous vous querellez, vous vous chicanez, vous vous pillez ; chez vous, le plus fort ôte au plus faible sa subsistance : cela ne s'appelle-t-il pas se manger ? Et les Ogres vous en doivent-ils beaucoup de reste ?

ARLEQUIN

Vous direz tout ce qu'il vous plaira ; mais je ne veux point de chair fraîche.

SCÈNE XIII

ARLEQUIN, ADARIO, PIERROT, QUATRE OGRES

Les quatre Ogres apportent une grande marmite, qu'ils mettent au milieu de la place avec du feu dessous.

PIERROT

Voilà la marmite toute prête.

ARLEQUIN

Et où est la viande ?

PIERROT

Vous l'allez bientôt voir.

SCÈNE XIV

LES ACTEURS DE LA SCÉNE PRÉCÉDENTE, TROUPE D'OGRES ET D'OGRESSES

Tous ces Ogres et Ogresses viennent se présenter devant leur Roi, lèvent les mains, et crient.

LES OGRES ET LES OGRESSES

Ni sakiamin okima !

ARLEQUIN

Quel baragouin !

LES OGRES ET LES OGRESSES

Ni sakiamin okima !

ARLEQUIN

Qu'est-ce que vous dites ?

ADARIO

Ils vous disent en langue Algonkine qu'ils vous aiment.

ARLEQUIN, *les saluant.*

Je vous suis bien obligé, mes enfants.

LES OGRES ET LES OGRESSES

Ni ouischmin ou ouissin !

ARLEQUIN

Ils me disent encore apparemment quelque douceur en langue Alcoquine.

ADARIO

Oui vraiment, ils disent qu'ils veulent vous manger.

ARLEQUIN, *étonné.*

Plaît-il ?

Scène XIV

ADARIO

Ils vous affectionnent à tel point qu'ils ont résolu de faire un festin de vos membres chéris.

ARLEQUIN

Miséricorde !

ADARIO

Ils n'en démordront pas.

ARLEQUIN

Mais, mais, des sujets, manger leur roi, cela se fait-il ?

ADARIO

C'est par distinction. Ils n'ont pas fait cela pour tous leurs rois.

ARLEQUIN

Je les quitte[1] de cet honneur-là. Je ne veux point être distingué de mes prédécesseurs.

OGRES, *se jetant sur Arlequin.*

Aouissinta, aouissinta !

ARLEQUIN

Au guet ! Au guet !

ADARIO

Allons, allons, recevez cela en souverain.

ARLEQUIN, *lui donnant un soufflet.*

Et toi, reçois cela en sujet.

Les Ogres l'enlèvent pour le jeter dans la marmite. Il leur dit en se débattant :

Arrêtez donc, arrêtez donc ! Mais, messieurs, songez que je suis trop maigre. Vous n'aurez point de plaisir à me manger. Engraissez-moi auparavant.

ADARIO

Dépêchons !

On jette Arlequin dans la marmite.

ARLEQUIN

Ah, pauvre Arlequin, te voilà cuit !

Il pousse de grands cris et se désespère. Pendant que les Ogres se baissent pour attiser le feu, il leur donne des coups de batte sur le dos. Il dit ensuite :

Ahi, ahi, ahi ! Je sens l'eau qui s'échauffe.

SCÈNE XV

LES ACTEURS DE LA SCÈNE
PRÉCÉDENTE, SASTARETSI,
tout essoufflé.

SASTARETSI

Takouchinouak nantobalitchik !

ADARIO

Il arrive ici des ennemis ! Aux armes, camarades, aux armes ! Nissata, nibata !

ARLEQUIN

À la bonne heure. Il ne peut m'arriver pis.

ADARIO

Ah ! Les voici qui tombent sur nous !

Tous les Ogres s'enfuient. On entend une décharge de mousqueterie. Arlequin ne laisse pas de s'en inquiéter, et de s'agenouiller dans la marmite, pour se mieux cacher. Il paraît aussitôt trois hommes, l'épée à la main.

SCÈNE XVI

ARLEQUIN, TROIS GRIVOIS[1] ARMÉS

PREMIER GRIVOIS

Je vois la tête d'un qui se cache dans une marmite.

DEUXIÈME GRIVOIS

Je vais la faire sauter d'un coup de sabre.

En même temps, il veut couper la tête d'Arlequin, qui esquive le coup en faisant le plongeon. Ce lazzi se répète trois ou quatre fois.

TROISIÈME GRIVOIS

Il faut le tirer de là !

Les trois Grivois commencent à le tirer de la marmite, dans le temps que Scaramouche arrive.

SCÈNE XVII

ARLEQUIN, LES GRIVOIS, SCARAMOUCHE

ARLEQUIN

Eh, messieurs ! Je ne suis pas un Ogre !

SCARAMOUCHE

Halte-là, camarades ! C'est Arlequin !

ARLEQUIN, *sautant de la marmite au cou de Scaramouche.*

Ah ! C'est Scaramouche qui vient à mon secours ! Sans toi, mon ami, j'étais fricassé. Comment donc ? Je te croyais dans le ventre de quelque marsouin.

SCARAMOUCHE

Je me suis sauvé dans la chaloupe avec ces braves garçons. Mais dis-moi, que diable faisais-tu donc dans cette marmite ?

ARLEQUIN

Eh, mon enfant, ce sont les Ogres qui m'y avaient mis ! Ils m'avaient choisi pour leur roi, et ils voulaient après cela me manger au gros sel.

SCARAMOUCHE

Les traîtres ! Il faut les passer tous au fil de l'épée.

ARLEQUIN

Je demande quartier pour le Pourvoyeur, à cause de ses bottes.

SCARAMOUCHE

Qu'est-ce que c'est que ses[1] bottes ?

ARLEQUIN

Tu le sauras, mon ami.

SCÈNE XVIII

LES ACTEURS DE LA SCÈNE
PRÉCÉDENTE, TROUPE D'OGRES
ET D'OGRESSES, ADARIO, SASTARETSI,
PLUSIEURS GRIVOIS,
LE POURVOYEUR, *enchaîné*.

ARLEQUIN

Quoi donc, Pourvoyeur, tu t'es laissé prendre ?

LE POURVOYEUR

C'est que mes bottes n'ont de vertu que pour exécuter les ordres de mon maître.

ARLEQUIN

Tant mieux, ma foi.

OGRES ET OGRESSES, *se jetant à genoux.*

Grâce ! Grâce !

SCARAMOUCHE

Non, non, vous êtes des misérables.

ARLEQUIN

Il n'y a de grâce que pour mon ami le Pourvoyeur et pour ses bottes.

ADARIO

Messieurs, ayez pitié de nous. Nous nous rendons vos esclaves. Laissez-nous la vie.

SCARAMOUCHE

C'est à votre roi à ordonner.

ARLEQUIN

Je veux bien leur pardonner. Mais à condition qu'ils enverront la chair fraîche à tous les diables. Je veux établir ici l'humanité.

SASTARETSI

Vous êtes le maître.

ARLEQUIN

Écoutez, messieurs les Ogres et mesdames les Ogresses. Je prétends que vous changiez de nourriture. Il faut vous accoutumer, s'il vous plaît, aux poulardes, aux perdrix, aux saucissons de Bologne.

ADARIO

On suivra vos volontés.

ARLEQUIN, *à Scaramouche et aux Grivois.*

Ho çà, mes enfants, puisque le ciel vous a fait arriver ici heureusement, je vous conseille de vous y établir avec moi. Toi, Scaramouche, je te fais mon collègue dans le gouvernement, et donne les premières charges à ces messieurs.

SCARAMOUCHE

Très volontiers, mon ami.

ARLEQUIN

Il faudrait, ce me semble, commencer par nous marier.

SCARAMOUCHE

C'est bien pensé. Voilà des mignonnes qui ne sont pas tant déchirées.

> *Plusieurs Ogresses viennent caresser Arlequin et lui baiser les mains, qu'elles mordent un peu.*

ARLEQUIN, *retirant ses mains.*

Ahi, ahi ! Vous avez là des quenottes bien aiguës ! Si ces messieurs vous trouvent à leur gré, à la bonne heure. Pour moi, je ne veux point pour femme de fille qui ait mis dans son corps de la chair humaine.

SCARAMOUCHE

Moi, je ne suis pas si difficile, je prends celle-ci.

Les Grivois choisissent chacun la leur.

ARLEQUIN

Bottes de sept lieues, mon cher Pourvoyeur *in utroque*[1], va-t'en me chercher tout à l'heure quelque beauté asiatique, là... de ces friands morceaux de sultan.

LE POURVOYEUR, *sortant.*

Vous serez servi.

SCÈNE XIX

ARLEQUIN, SCARAMOUCHE,
LES GRIVOIS, OGRES ET OGRESSES

SCARAMOUCHE, *riant.*

Ha, ha, ha ! Envoyer chercher une femme en Asie ! Ma foi, mon pauvre Arlequin, vous avez besoin de patience.

ARLEQUIN

Pas tant que vous croyez.

SCARAMOUCHE

Nous aurons des enfants, que vous n'aurez pas encore de femme.

ARLEQUIN

Vous ne savez pas de quel bois se chauffe mon Pourvoyeur. Il ne lui faut qu'une minute pour aller, et autant pour revenir.

SCARAMOUCHE

Tarare[1] !

ARLEQUIN

Tenez ! Le voyez-vous ? Il a déjà fait sa commission.

SCÈNE XX

LES ACTEURS
DE LA SCÈNE PRÉCÉDENTE,
LE POURVOYEUR,
UNE JEUNE CIRCASSIENNE[2]

LE POURVOYEUR, *à Arlequin.*

Voilà, seigneur, une jeune Circassienne que j'ai l'honneur de vous présenter.

SCARAMOUCHE

Comment diable ! Mais voilà un admirable homme !

ARLEQUIN

N'est-ce pas ?

SCARAMOUCHE

Mercure auprès de lui n'est qu'une tortue...

ARLEQUIN, *à la Circassienne.*

Venez, ma bouchonne, venez ! Qu'elle est aimable !

La Circassienne lui fait la révérence.

LE POURVOYEUR

Ma foi, je suis arrivé bien à temps à Constantinople. Je l'ai prise comme elle allait entrer dans le sérail du Grand Seigneur. C'est une fille toute fine neuve.

ARLEQUIN, *au Pourvoyeur,*
après avoir caressé la Circassienne.

Çà, mon brave ! Il faut songer à faire nos provisions de noce, tant pour la panse que pour la danse. Va-t'en à Paris de ce pas. Tu passeras d'abord dans la rue de la Huchette. Tu y prendras quarante dindons tout cuits.

LE POURVOYEUR, *voulant partir.*

Oui.

Scène XX

ARLEQUIN, *l'arrêtant.*

Attendez, attendez ! Trente oies.

LE POURVOYEUR, *voulant toujours s'en aller.*

Fort bien.

ARLEQUIN

Attendez donc ! Vingt cochons de lait.

LE POURVOYEUR

Je n'y manquerai pas.

ARLEQUIN

Un moment, un moment. Tu iras ensuite à la Halle au Vin. Tu te chargeras d'un bon muid[1] de Bourgogne.

LE POURVOYEUR

Cela vaut fait.

ARLEQUIN

Ce n'est pas tout. Que diable, vous êtes bien vif ! Tu te rendras de là à l'Opéra, et tu y prendras trois danseurs et trois danseuses. C'est pour commencer à établir ici l'humanité. Marche à cette heure, marche !

SCÈNE XXI

ARLEQUIN, SCARAMOUCHE,
LES GRIVOIS, LA CIRCASSIENNE,
OGRES ET OGRESSES

SCARAMOUCHE

Morbleu, mon cher, que vous savez bien commander !

ARLEQUIN

C'est que cela est bien plus aisé que d'obéir.

SCARAMOUCHE

Si notre courrier n'est pas plus longtemps à ce voyage-ci qu'à l'autre, nous serons bientôt à table...

ARLEQUIN

Vous pouvez compter là-dessus. Ainsi, qu'on mette promptement le couvert. J'ai grand besoin de remonter ma pendule.

SCARAMOUCHE

Et moi de même.

ARLEQUIN, *à la Circassienne.*

Hé bien, petite Circassienne, ne serez-vous pas plus aise d'être à moi qu'à ces vilains marabouts de sultans ?

LA CIRCASSIENNE

Sans doute.

ARLEQUIN

Vous m'aimerez donc bien ?

LA CIRCASSIENNE

De tout mon cœur.

ARLEQUIN

Là, caressez-moi un peu.

Elle lui passe la main sous le menton. Arlequin fait ses lazzis, *et dit :*

La petite chatte ! Elle est déjà aussi apprivoisée que si elle avait par-devers elle deux ans de sérail.

SCÈNE XXII

LES ACTEURS DE LA SCÈNE
PRÉCÉDENTE, LE POURVOYEUR
AMENANT TROIS DANSEURS
ET TROIS DANSEUSES DE L'OPÉRA

SCARAMOUCHE

Ah ! quel abatteur de quilles[1] que ce drôle-là !

ARLEQUIN

Bonjour, mesdemoiselles de l'Opéra. Soyez les bienvenues dans le pays des Ogres.

LES DANSEUSES, *effrayées*.

Ah !

ARLEQUIN

Ne craignez rien, mes déesses ! Les Ogres n'en veulent qu'à la chair fraîche.

SCARAMOUCHE

Allons manger un morceau, pendant que ces gens-ci vont répéter leurs danses.

ARLEQUIN

Oui, courons au plus pressé.

On danse, et la pièce finit.

FIN

Prologue
de
La Forêt de Dodone

*Représenté par la troupe du Sieur Francisque
à la Foire de Saint-Germain, 1721.*

AVERTISSEMENT

Quelques personnes de la première distinction s'étant intéressées pour cette troupe, on la laissa jouer ce Prologue et les deux pièces qui le suivent[1] en prose, mêlée de vaudevilles.

PERSONNAGES

LA COMTESSE DE VIEUX-CHÂTEAU (MEZZETIN).
LE MARQUIS.
LE CHEVALIER DE LA POLISSONNIÈRE (ARLEQUIN).
COLOMBINE.
JASMIN, *petit laquais de la Comtesse.*

La scène est sur le théâtre de la Foire de Saint-Germain.

PROLOGUE

Le théâtre représente le théâtre même.

SCÈNE I

LA COMTESSE DE VIEUX-CHÂTEAU,
JASMIN

LA COMTESSE

Jasmin, quittez ma queue. Allez vous promener dans la Foire, et vous trouvez à la porte du Jeu[1] quand je sortirai. Entendez-vous, petit garçon, entendez-vous ?

JASMIN

Oui, madame.

LA COMTESSE

N'y manquez pas, au moins, n'y manquez pas, ou bien je vous fouetterai jusqu'au sang.

Jasmin s'en va.

SCÈNE II

LA COMTESSE, LE MARQUIS

LE MARQUIS

Eh, Madame, c'est vous ! Ici, la Comtesse de Vieux-Château ! Il faut bien aimer les spectacles de la Foire, pour y courir dès le premier jour !

LA COMTESSE

Je ne m'en défends point, je les aime à la folie. Que Paris me paraît triste quand ils sont fermés ! Si l'on m'en croyait, les Foires dureraient toute l'année.

LE MARQUIS

Les autres spectacles ne sauraient-ils vous amuser ?

LA COMTESSE

Ne m'en parlez point. J'allai l'autre jour à l'Opéra : j'y pensai perdre patience. Que je m'y ennuyai ! Franchement, ce n'est pas là mon Opéra-Comique.

LE MARQUIS

Effectivement, ces polissons de la Foire réjouissent, et ces pauvres diables mériteraient bien qu'on les laissât jouer tranquillement, puisqu'ils plaisent au public.

LA COMTESSE

Il est vrai. Mais à propos, on dit qu'ils parlent, et qu'ils ne chantent plus de vaudevilles.

LE MARQUIS

Quoi, vous ne les avez pas vus à la dernière Foire ?

LA COMTESSE

J'étais à la campagne. Ce qui me fâche, on dit que depuis qu'on les laisse parler, ils sont détestables. Si cela est, j'y renoncerai bientôt.

LE MARQUIS

Hé, pourquoi, madame ? Ils deviendront meilleurs de jour en jour, ou l'habitude de les voir vous rendra moins difficile. Croyez-moi, vous vous consolerez facilement de ne les plus entendre chanter.

LA COMTESSE

Non, Marquis, non, je ne m'en consolerai point. Quand ils parleraient comme les Comédiens-Français, ils m'ennuieraient. Avouez que les pièces en vaudevilles ont quelque chose de bien piquant.

LE MARQUIS

J'en demeure d'accord.

LA COMTESSE

On retient un vaudeville ; on le chante en s'en retournant ; il rend l'esprit gai.

Elle chante.

> (Air : *Landeriri*)
> Oui, j'aime mon garde-moulin ;
> Ce garçon va son droit chemin,
> Landerirette,
> Il ne prend point de mauvais pli,
> Landeriri.

On emporte cela.

LE MARQUIS

Je conviens que ces sortes de pièces ont leur mérite, qu'un air du Pont-Neuf bien appliqué nous réveille et nous réjouit. Mais la prose, madame, la prose a des saillies[1] brillantes qui font le même effet.

LA COMTESSE

Ah, fi, Marquis ! Ah, fi ! Rien n'est plus fade, rien n'est plus insipide que votre prose. Je m'en rapporte au Chevalier de la Polissonnière que je vois. Voulez-vous que nous le prenions pour arbitre ?

LE MARQUIS

J'y consens, parbleu, j'y consens.

LA COMTESSE

Je suis sûre qu'il sera de mon sentiment.

SCÈNE III

LA COMTESSE, LE MARQUIS,
LE CHEVALIER DE LA POLISSONNIÈRE
(ARLEQUIN)

LA COMTESSE

Venez, Chevalier. Jugez-nous. Le Marquis prétend que les divertissements de la Foire sont aussi agréables en prose qu'en vaudevilles. Je soutiens le contraire. Qu'en pensez-vous ?

LE CHEVALIER

Madame, mon sentiment vous paraîtra peut-être un peu singulier.

LA COMTESSE

N'importe.

LE MARQUIS

Parle franchement, Chevalier.

LE CHEVALIER

Ma foi, je n'estime pas plus ces sortes de pièces en chansons qu'en prose. Je les aimais beaucoup mieux par écriteaux.

LE MARQUIS

Par écriteaux !

LA COMTESSE

Par écriteaux !

LE CHEVALIER

Par écriteaux, oui, morbleu, par écriteaux !

LE MARQUIS

Mais tu badines, Chevalier.

LE CHEVALIER

Non, la peste m'étouffe.

LA COMTESSE, *riant*.

Le plaisant goût !

LE CHEVALIER

Qu'appelez-vous le plaisant goût ? Savez-vous bien, madame, que je vais vous prouver comme deux et deux font six que j'ai raison de regretter les écriteaux ?

LA COMTESSE

Voyons.

LE CHEVALIER

Primo. Dans le temps des écriteaux, on voyait en l'air deux petits garçons en Amours, qui descendaient et remontaient sans cesse.

LA COMTESSE

Hé bien ?

LE CHEVALIER

Hé bien, cela faisait un spectacle.

LE MARQUIS, *riant*.

Fort joli !

LE CHEVALIER

Et comme ces enfants changeaient à tout moment d'écriteaux, c'était une espèce de tableau changeant qu'ils offraient à la vue.

LA COMTESSE, *riant*.

Fort bien.

LE MARQUIS, *riant*.

Tu as raison.

LE CHEVALIER

Item. Le spectateur y devenait acteur lui-même. Dès que l'écriteau était déroulé, l'orchestre donnait le ton, et l'on entendait aussitôt un *chorus* discordant le plus réjouissant du monde.

LA COMTESSE, *riant*.

Je n'ai plus rien à dire, et c'est dommage qu'on ne joue plus par écriteaux.

LE CHEVALIER

Sans doute. Si l'on faisait bien, on remettrait les choses sur ce pied-là.

LE MARQUIS, *riant.*

Assurément.

LE CHEVALIER

On chante à l'Opéra, on parle à la Comédie, on devrait jouer à la Foire par écriteaux, pour varier les spectacles de Paris.

LA COMTESSE

Quoi que vous puissiez dire, Chevalier, je veux que les acteurs forains chantent.

LE MARQUIS

Il vaut mieux qu'ils parlent.

LE CHEVALIER

Il vaut mieux qu'ils se taisent.

LA COMTESSE

Vive le chant, vous dis-je !

LE MARQUIS

Vive la parole !

LE CHEVALIER

Vivent les écriteaux !

Tous trois ensemble.

LA COMTESSE,
chantant.

(Air : *Il faut que je file, file*)
Il m'en donne, donne, donne,
Il m'en donne rarement.

LE MARQUIS, *parlant sur le ton
d'Arlequin plaidant.*

Messieurs, je parle pour Paul Griffonet[1], Manceau d'origine, clerc de profession, neveu du procureur au Châtelet, *etc.*

LE CHEVALIER, *contrefaisant
avec son chapeau
un écriteau qui descend
et faisant plusieurs voix à la fois.*

(Air : *Réveillez-vous*)
Réveillez-vous, belle endormie,
Réveillez-vous car il est jour.

Comme ils font ce trio, Colombine passe et s'arrête pour les regarder. Le Chevalier l'aperçoit et l'appelle.

SCÈNE IV

LA COMTESSE, LE MARQUIS,
LE CHEVALIER, COLOMBINE

LE CHEVALIER, *appelant Colombine.*

St, st, st, ma charmante, un mot.

À la Comtesse.

C'est l'actrice qui fait ici la Colombine.

LA COMTESSE, *à Colombine.*

Bonjour, mon enfant.

COLOMBINE, *faisant la révérence
à la Comtesse.*

Madame...

LE CHEVALIER, *à la Comtesse.*

Madame, vous voyez dans cette fille-là un grand sujet.

COLOMBINE, *faisant la révérence
au Chevalier.*

Monsieur...

LA COMTESSE

Je le sais bien !

LE MARQUIS

Elle a de la grâce et du naturel.

COLOMBINE, *faisant la révérence
au Marquis.*

Monsieur...

LE CHEVALIER

Et de la vivacité dans l'action.

COLOMBINE

Mais, messieurs, vous n'y pensez pas. Vous me traitez comme si j'avais l'honneur de marcher sur les planches de la Comédie ou de l'Opéra.

LE CHEVALIER

Oui, mon ange, oui, je te veux traiter de même : je te mène souper ce soir au cabaret.

COLOMBINE

Je vous remercie. Je n'aime point ces lieux-là...

LE CHEVALIER

Comme les goûts sont différents ! Je les aime beaucoup, moi.

LA COMTESSE, *à Colombine.*

Apprenez-nous, ma fille, quelle pièce vous allez jouer.

COLOMBINE

N'en avez-vous pas lu le titre dans l'affiche ?

LA COMTESSE

Comment donc, dans l'affiche ? Hé, pensez-vous, ma mie, que les personnes de qualité s'amusent à lire une affiche[1] ?

LE CHEVALIER

Fi ! Cela ne convient qu'à des bourgeois. Nous entrons dans un jeu, sans savoir ce qu'on y joue. Nous y restons s'il y a du monde, nous en sortons s'il n'y en a pas.

COLOMBINE

Nous donnons deux pièces. L'une est intitulée *Arlequin Endymion*, l'autre *La Forêt de Dodone*.

LE MARQUIS

Je suis curieux de voir Arlequin faire Endymion.

LA COMTESSE

La Forêt de Dodone ! Le titre est nouveau.

COLOMBINE

Oh ! madame, nos pièces sont toutes nouvelles.

LE CHEVALIER

Pour nouvelles, ma princesse, rayez cela de dessus vos papiers. Je parie que c'est un divertissement renouvelé des Grecs, quelque ravauderie[2] italienne.

COLOMBINE

Vous vous trompez.

LE CHEVALIER

Ce sera, vous dis-je, un plat réchauffé. Peut-on attendre autre chose de ces drôles-là ?

COLOMBINE

Pardonnez-moi, monsieur, le sujet est tout neuf. Je vois bien qu'il y a longtemps que vous n'êtes venu à la Foire.

LE CHEVALIER

Ma foi, depuis qu'on n'y joue plus par écriteaux, je n'y ai pas mis la presse[1].

LA COMTESSE

Mais vos pièces sont-elles en vaudevilles ?

COLOMBINE

On y parle, on y chante. C'est un spectacle mixte qui doit divertir.

LE MARQUIS

Sans difficulté.

LE CHEVALIER

Et des écriteaux, ma reine, n'y en aura-t-il point ?

COLOMBINE

Non, vraiment, monsieur. Nous serions bien fous, puisqu'on nous permet de parler et même de mêler quelques chansons à notre prose, de nous borner à nos écriteaux.

LE CHEVALIER

La pièce ne vaudra donc pas le diable. Serviteur[1]. J'aime mieux cent fois aller aux marionnettes que de rester ici.

Il sort.

COLOMBINE, *faisant la révérence à la Comtesse et au Marquis.*

On va commencer dans un moment. Vous voulez bien que j'aille m'habiller ?

SCÈNE V ET DERNIÈRE

LA COMTESSE, LE MARQUIS

LA COMTESSE

Prenons nos places, Marquis. Êtes-vous retenu ? Voulez-vous que je vous donne à souper ce soir ?

LE MARQUIS

Volontiers. Et, si vous le souhaitez, le baron de Flasquenville sera de la partie.

LA COMTESSE

Le baron de Flasquenville ! Oh, non ! Le pauvre convive ! Nous soupâmes ensemble avant-hier.

Il voulut absolument se retirer à minuit. Il se ménage dans une débauche[1] : il a une poitrine. Le fat !

> *Le Marquis donne la main à la Comtesse, et ils s'en vont prendre leurs places.*

FIN DU PROLOGUE

La Forêt de Dodone

*Pièce d'un acte de MM. Lesage et d'Orneval
représentée par la troupe du Sieur Francisque
à la Foire de Saint-Germain, 1721.*

PERSONNAGES

DEUX VIEUX CHÊNES, *parlant.*
UN JEUNE CHÊNE MÂLE, *parlant et dansant.*
UN JEUNE CHÊNE FEMELLE, *dansant.*
UN GRAND CHÊNE, *pour porter Arlequin.*
ARLEQUIN ET SCARAMOUCHE, *voleurs.*
M. BOLUS, *apothicaire.*
MME BOLUS, *sa femme.*
MLLE SUZON, *maîtresse de M. Bolus.*
DAMIS, *amant de Céphise.*
CÉPHISE.
M. RIGAUDON, *maître à danser.*
COLIN ET COLINETTE, *nouveaux mariés.*
GROS-JEAN, *oncle de Colin.*
GUILLOT, *cousin de Colinette.*
GARÇONS ET FILLES DE LA NOCE DE COLIN.

La scène est dans la forêt de Dodone.
Le théâtre représente une forêt. On voit dans le milieu quatre chênes isolés, creux, et dans lesquels il y a des hommes qui peuvent marcher et remuer

leurs branches comme des bras. À chaque arbre est une ouverture en façon de petit châssis, qui s'ouvre et se referme quand on veut ; de manière que l'homme qui est dans l'arbre montre sa tête, et la cache quand il lui plaît. Il a un masque vert et des cheveux de mousse.

SCÈNE I

DEUX VIEUX CHÊNES

Ils ouvrent leur petite fenêtre, et montrent leur tête.

PREMIER CHÊNE

(Air : *Je ne suis né ni roi, ni prince*)
Fameuse forêt de Dodone
Hélas ! chacun vous abandonne !
Les hommes venaient autrefois
À genoux consulter vos chênes
La foule à présent est aux bois
Et de Boulogne et de Vincennes.

DEUXIÈME CHÊNE

Je n'en suis point surpris, mon compère.

(Air : *Faire l'amour la nuit et le jour*)
D'un amoureux secret
Nous ne pouvons nous taire ; *bis*
On cherche un bois discret

Où sans risque on peut faire
L'amour
La nuit et le jour.

SCÈNE II

LES DEUX VIEUX CHÊNES,
UN JEUNE CHÊNE

LE JEUNE CHÊNE

Il arrive en chantant et dansant.

(Air : *Si la jeune Annette*)
Fille de village
Avec son galant
Vient sous mon ombrage
Pour y chercher du...
Taleri, taritatou
Talera, lire
Pour y chercher du gland.

Au premier Chêne.

Bonjour et bon an, cousin Chêne !

PREMIER CHÊNE

Cousin ! Apprenez, petit étourdi, qu'il s'en faut plus d'un quarteron de fagots que nous ne soyons de la même branche.

LE JEUNE CHÊNE

Comment donc ?

PREMIER CHÊNE

Taisez-vous.

LE JEUNE CHÊNE

(Air : *Petit boudrillon*)
D'où vient cette humeur vaine ?

DEUXIÈME CHÊNE

Taisez-vous, vous dit-on,
Boudrillon,
Vous tranchez du grand chêne ;
Rabaissez votre ton,
Boudrillon,
Petit boudrillon,
Boudrillon, dondaine,
Petit boudrillon,
Boudrillon, dondon.

LE JEUNE CHÊNE

Oh, si je ne suis pas encore reçu Oracle, je suis du bois dont on les fait !

PREMIER CHÊNE

Vous raisonnez comme un sapin. Il faut que vous ayez été enté sur quelque marronnier d'Inde.

LE JEUNE CHÊNE

Oui-da, je raisonne, et tout aussi bien qu'un homme.

PREMIER CHÊNE

Le bel éloge ! Un arbre, se piquer de raisonner

comme les hommes, qui raisonnent comme des bûches !

DEUXIÈME CHÊNE

Ce petit drôle-là s'ingère quelquefois de rendre des oracles, oui.

PREMIER CHÊNE

Ce sont des oracles bien fagotés !

LE JEUNE CHÊNE

Qu'ai-je donc de si impertinent ?

DEUXIÈME CHÊNE

Vous avez conseillé, par exemple, à cette jeune fille d'épouser l'agioteur qui la recherchait, l'assurant qu'elle ferait une bonne affaire ; elle vous a cru, et elle n'a pas de pain, à présent.

LE JEUNE CHÊNE

Hé, n'aviez-vous pas dit vous-même quelques jours auparavant à cet agioteur qui vint vous consulter sur son destin :
Il sortira de toi de très grandes richesses.

PREMIER CHÊNE

Mais, petit benêt, ne sentez-vous pas dans cette réponse l'équivoque prophétique ?

DEUXIÈME CHÊNE

Vous avez encore dit hier tout crûment à ce procureur qu'il était cocu.

LE JEUNE CHÊNE

Est-ce que cela n'est pas vrai ?

PREMIER CHÊNE

Pardonnez-moi ; mais un oracle qui fait son métier doit couvrir par une honnête amphibologie des vérités trop odieuses.

DEUXIÈME CHÊNE

Vous mériteriez bien que le maître-clerc vînt vous abattre pour servir de Mai à la Bazoche[1].

LE JEUNE CHÊNE

Mais...

PREMIER CHÊNE

Mais, mais, vous êtes un sot. Il faudrait vous élaguer la langue. Retirez-vous dans ce coin-là, et écoutez, pour apprendre.

Le jeune Chêne se retire à côté. Le premier Chêne continue de parler au deuxième.

J'ai le cœur serré, mon compère, de nous voir presque entièrement abandonnés. Ah ! Les hommes d'aujourd'hui ne s'attachent qu'à l'écorce du bonheur ! Ils ne prennent plus conseil que d'eux-mêmes.

DEUXIÈME CHÊNE

Tant pis pour eux. En sommes-nous moins heureux, parce que nous n'avons pas la fumée de leur encens, et qu'ils ignorent la meilleure partie des dons que nous avons reçus des dieux ?

PREMIER CHÊNE

Quoi ? Ne devraient-ils pas...

DEUXIÈME CHÊNE

Allez, mon compère, ne vous échauffez plus la sève là-dessus ; et gardez-vous de la vanité que nous avons tant de fois reprochée aux hommes. Mais taisons-nous. Voici quelqu'un qui s'avance...

Ils referment leur fenêtre. Ce qu'ils font toutes les fois qu'il paraît du monde.

SCÈNE III

LES CHÊNES, ARLEQUIN

ARLEQUIN

Au diable soit Scaramouche, qui me fait ici croquer le marmot[1] ! Il est parti il y a plus de trois heures pour aller à deux pas d'ici nous chercher des provisions, et il n'est pas encore revenu ! Ouais ! Ce fripon-là ne serait-il pas à voler quelque marchand à mon insu, pour me frustrer de ma part ? Non. La bonne foi n'a jamais manqué parmi nous autres ; et Scaramouche m'a toujours rendu bon compte tant que nous avons travaillé ensemble dans la rue Quincampoix[1]. Après cela, nous avons vu autrefois bien d'honnêtes gens qui ne le sont plus à présent. Peut-être aussi que ces gueux d'archers l'auront pincé ! Mais le voici à la fin.

SCÈNE IV

LES CHÊNES, ARLEQUIN,
SCARAMOUCHE, *arrivant tout essoufflé.*

ARLEQUIN

Hé ! D'où diable viens-tu donc à l'heure qu'il est ?

SCARAMOUCHE

Bona nevelle, mon ami, *bona* nevelle !

ARLEQUIN

Comment, bonne nouvelle ! Et tu arrives les mains vides !

SCARAMOUCHE

Bona nevelle, te dis-je ! Je viens de ce gros village ici proche, où j'ai été à la noce.

ARLEQUIN

Fort bien, monsieur Scaramouche. C'est-à-dire que vous avez rempli votre ventre sans vous mettre beaucoup en peine du mien.

SCARAMOUCHE

Hé non, je ne suis pas entré dans la noce ; *mà* j'ai vu la marinée.

ARLEQUIN

La marinée ! Une marinade, veux-tu dire ?

SCARAMOUCHE

Ce n'est pas cela. C'est *una figlia* qui est marinée.

ARLEQUIN

Mais ce n'est pas à cette sauce-là que...

SCARAMOUCHE

Tu ne m'entends pas. C'est *una figlia* nommée Colinette qui a apoussé un mitron.

ARLEQUIN

Qui a poussé un mitron ! Elle l'a fait tomber apparemment.

SCARAMOUCHE

Non pas. Elle a apoussé ce mitron. Elle l'a *pigliato per* son apoux *in matrimonio*.

ARLEQUIN

Et qu'est-ce que cela me fait ?

SCARAMOUCHE

Tu vas voir. *Sta* paysanne est *ben* gentile, et...

ARLEQUIN

Mais cela n'emplit pas la panse.

SCARAMOUCHE

Laisse-moi achever. *Sta* Colinette est fiolle de la dame du village.

ARLEQUIN

C'est une fiole, à cette heure ! Est-elle pleine, cette fiole ?

SCARAMOUCHE

Che diavolo ! Tu n'as point d'entendement. Je te dis que la dame du village est sa merraine.

ARLEQUIN

Hé bien ?

SCARAMOUCHE

Hé bien, comme elle a beaucoup de l'amitié *per* sa fiolle, elle lui donne de quoi se mariner. Elle a voulu aussi qu'elle fût *ben* brave ; elle lui a mis autour d'elle tous ses couliers, ses bajoux.

ARLEQUIN

Des bajoues ! Quoi ? des bajoues de cochon, de...

SCARAMOUCHE

O che bestia ! Tu ne sais pas ce que c'est que des bajoux, des pierres, des diamants ?

ARLEQUIN

Des diamants ! Peste, cela est bon.

SCARAMOUCHE

Il faudrait tâcher d'escamoter quelqu'un de ces bajoux.

ARLEQUIN

Oui, ma foi. Mais comment faire pour...

SCARAMOUCHE

Viens-t'en avec moi. Nous parlerons de cela en chemin.

Ils sortent.

SCÈNE V

LES CHÊNES

PREMIER CHÊNE

Voila deux maîtres coquins. On verra cela au premier jour au crochet du grand prévôt.

DEUXIÈME CHÊNE

Oui, mais il faudra encore, après avoir servi de retraite à ces fripons-là, qu'on vienne abattre quelqu'un de nous pour leur faire des potences.

PREMIER CHÊNE

Chut ! J'entends du monde.

SCÈNE VI

LES CHÊNES, M. BOLUS, *apothicaire*, MLLE SUZON.

M. BOLUS, *en entrant*.

(Air : *Je suis saoul de ma femme*)
Je suis saoul de ma femme
L'aurai-je toujours ?
Elle ne nous croit pas ici assurément.

MLLE SUZON

Oh ! Pour cela, non.

(Air : *Laire la, laire lan laire*)
La bonne dupe, sans façon,
A bien avalé le goujon.
Qu'en dis-tu, mon apothicaire ?

M. BOLUS

Laire la, laire lan laire,
Laire la
Laire lan la.

MLLE SUZON

Vous lui avez dit que vos affaires ne vous permettaient pas de la mener à la noce de Colinette. Moi, de peur qu'elle ne soupçonnât que nous étions de concert, je m'offre d'abord à l'y accompagner. Elle en est charmée. Je l'amène ; et pendant qu'elle danse, zeste, je m'esquive sans rien dire, et je viens ici à notre rendez-vous.

M. BOLUS

Le panneau n'était pas mal tendu...

MLLE SUZON

Si elle savait ce qui se passe...

M. BOLUS

Diable ! Elle ferait un beau carillon. Comme elle est fort vertueuse, elle ferait un bruit...

MLLE SUZON

Trêve de vertu, n'en parlons point, je vous en prie.

M. BOLUS

Soit. Parlons de nos amours.

> (Air : *Sais-tu la différence*)
> M'aimez-vous sans partage ?

MLLE SUZON

Oh ! Très fidèlement.

PREMIER CHÊNE, *en écho.*

Elle ment.

DEUXIÈME CHÊNE, *en écho plus éloigné.*

Elle ment.

MLLE SUZON

Ôtons-nous du passage.

PREMIER CHÊNE, *en écho*.

Pas sage.

DEUXIÈME CHÊNE, *aussi en écho*.

Pas sage.

M. BOLUS

J'entends, je crois, l'écho.

PREMIER CHÊNE, *en écho*.

Crois l'écho.

DEUXIÈME CHÊNE

Crois l'écho.

MLLE SUZON, *riant*.

Il est plaisant ! ho ! ho !

PREMIER CHÊNE, *en écho*.

Ho ! ho !

DEUXIÈME CHÊNE

Ho ! ho !

M. BOLUS, *regardant derrière lui*.

Ah, morbleu, nous sommes perdus ! Voilà ma femme.

MLLE SUZON

Laissez-moi faire. Je vais encore lui tailler une bourde.

SCÈNE VII

LES CHÊNES, M. BOLUS,
MLLE SUZON, MME BOLUS

MME BOLUS, *à part*.

On m'a fait un fidèle rapport. Je n'en puis plus douter.

MLLE SUZON, *allant au-devant de Mme Bolus*.

Que diantre, madame Bolus, vous aviez bien affaire de venir si tôt. Vous rompez toutes nos mesures.

MME BOLUS, *froidement*.

Je m'en aperçois.

MLLE SUZON

Nous allions vous jouer le plus joli tour du monde.

MME BOLUS

Je le crois.

MLLE SUZON

Nous avions dessein de vous surprendre, en paraissant tout à coup devant vous à la noce.

MME BOLUS, *donnant un soufflet
à son mari.*

Tiens, traître, prends toujours cela, jusqu'à ce que nous soyons à la maison !

M. BOLUS

Mais, ma chère femme, nous ne voulions pas...

MME BOLUS, *pleurant.*

Tais-toi, perfide. Que ne suis-je moins sage, pour me venger de toi comme tu le mérites !

MLLE SUZON

Je crois, Dieu me pardonne, que c'est tout de bon.

MME BOLUS

Oui, c'est tout de bon, indigne amie ! Et c'est bien vilain à vous d'en agir de la sorte !

MLLE SUZON

Vous êtes bien brutale de me parler en ces termes !

MME BOLUS

Vous êtes une plaisante effrontée, vous ! Si je vous...

M. BOLUS, *se mettant
entre elles deux.*

Eh ! Point de bruit !

MLLE SUZON

Voyez un peu cette folle !

MME BOLUS

(Air : *À la façon de Barbarie*)
Retirez-vous d'ici, guenon !

MLLE SUZON

Vous êtes bien hardie
De m'apostropher sur ce ton
Moi qui sais votre vie.

MME BOLUS

Je suis femme de bon renom.

MLLE SUZON, *d'un ton moqueur.*

La faridondaine, la faridondon.

MME BOLUS

Je suis fidèle à mon mari.

MLLE SUZON, *à M. Bolus.*

Biribi,
À la façon de Barbari,
Mon ami.

Demandez-lui comment se portait hier au soir ce jeune médecin qui vous fait tant d'amitiés depuis un mois.

Scène VII

M. BOLUS

Quoi donc, ma femme ? Serait-il possible que...

MME BOLUS

Oh ! elle en a bien menti !

MLLE SUZON

Vous savez bien le contraire. J'ai preuve en main.

M. BOLUS, *rêvant.*

Hom ! Cela me rappelle...

Mme Bolus, *le caressant.*

Hé non, mon petit chaton, cela ne doit rien vous rappeler. Je voudrais que ces chênes parlassent comme on dit qu'ils faisaient autrefois ; je les prierais de rendre témoignage de ma conduite.

M. BOLUS, *se grattant l'oreille.*

(Air : *Le ciel bénisse la besogne*)
Oh ! Je le voudrais bien aussi.
Mon soupçon serait éclairci.

PREMIER CHÊNE

Mon ami, ne te plains point d'elle...

M. BOLUS, *à part.*

Quelle joie !

PREMIER CHÊNE, *achevant l'air.*

Elle est autant que toi fidèle.

M. BOLUS, *à part.*

Ouf !

MME BOLUS

Hé bien, cher mari, êtes-vous content ?

M. BOLUS, *froidement.*

Oui !

MME BOLUS, *à Mlle Suzon.*

(Air : *Les Feuillantines*)
Pardonnez-moi ma fureur.

MLLE SUZON

De bon cœur
Je confesse mon erreur.

MME BOLUS

De ceci je suis ravie.

M. BOLUS

Et moi j'en
Et moi j'enrage ma vie !

Ils s'en vont.

SCÈNE VIII

LES CHÊNES

PREMIER CHÊNE, *au jeune.*

Vous voyez bien, petit garçon, de quelle manière doit parler un oracle dans une affaire délicate.

LE JEUNE CHÊNE

Malepeste ! Vous l'entendez !

DEUXIÈME CHÊNE

Paix, paix. Il nous vient encore de la pratique.

SCÈNE IX

LES CHÊNES, DAMIS, M. RIGAUDON,
maître à danser.

DAMIS

Je vous apprendrai, monsieur Rigaudon, à venir sur les brisées d'un homme comme moi ! Allons, l'épée à la main !

M. RIGAUDON

Puisque vous le voulez absolument, il faut vous satisfaire.

Ils se battent.

SCÈNE X

LES CHÊNES, DAMIS,
M. RIGAUDON, CÉPHISE

CÉPHISE, *accourant éperdue.*

Ô ciel ! Ah ! Damis, que voulez-vous faire ?

DAMIS, *la repoussant.*

Retirez-vous, Céphise !

CÉPHISE, *à M. Rigaudon.*

Non ! Finissez, ou je me jetterai au travers de vos épées !

DAMIS, *à M. Rigaudon.*

Monsieur, vous voyez qu'il n'y a pas moyen de continuer. Adieu. Nous nous retrouverons.

M. RIGAUDON, *s'en allant.*

Je ne me cache point.

SCÈNE XI

LES CHÊNES, DAMIS, CÉPHISE

DAMIS

(Air : *Les Rats*)
Cachez-vous, infâme !
Voilà donc comment
Vous payez la flamme
D'un fidèle amant ?

CÉPHISE

Cher Damis, vous n'êtes pas sage ;
Cher Damis, vous n'y pensez pas,
Ah ! ce sont vos rats
Qui vous font prendre de l'ombrage ;
Oui ce sont vos rats
Qui causent tout ce beau fracas !

DAMIS

Oh ! N'espérez pas m'en faire accroire. Perfide ! La noce de Colinette m'a bien fait connaître votre indigne caractère.

CÉPHISE

Allez, vous êtes fou ! Faut-il, pour un rien...

DAMIS

Un rien ! Vous vous enfoncez dans un bosquet avec Rigaudon...

CÉPHISE

Il m'allait faire répéter un cotillon[1] que j'avais oublié.

DAMIS

Fort bien. Et quand il vous mettait la main sous le menton ?

CÉPHISE

C'était pour me faire tenir droite.

DAMIS

La faire tenir droite, oui. La faire tenir droite.

CÉPHISE

Cessez, cruel, d'outrager ma fidélité.

DAMIS

Ho bien, nous allons voir si je l'offense. Voici des chênes qui pourront me l'apprendre.

Aux Chênes.

(Air : *Quand le péril est agréable*)
Arbres, qui des rois avec pompe
Autrefois étiez consultés,
Si vos talents vous sont restés,
Parlez.

PREMIER CHÊNE

Elle te trompe.

DAMIS

Ô Dieux ! Après cela, traîtresse, puis-je encore en douter ?

CÉPHISE

Hé ? Quoi ? N'entendez-vous pas ce que cela veut dire ?

DAMIS

Que trop, hélas !

CÉPHISE, *le prenant par la main.*

Venez çà. Tenez. Vous me croyez perfide, et je vous suis fidèle : je vous trompe donc. Voilà le sens de l'oracle.

DAMIS

Vous pensez que l'intention du Chêne...

CÉPHISE

Sans doute. Faut-il jamais prendre à la lettre les réponses des oracles ?

DAMIS, *rêvant.*

Mais non.

CÉPHISE

Ne sont-elles pas toujours ambiguës ?

DAMIS, *rêvant toujours.*

Il est vrai...

CÉPHISE

Elles signifient ordinairement le contraire de ce qu'elles semblent dire.

DAMIS

(Air : *Allons gai*)
J'ai tort, je le confesse.

CÉPHISE

J'excuse votre amour.

DAMIS

Allons, chère maîtresse
Achever ce beau jour.

Tous deux, s'en allant.

Allons gai
D'un air gai, etc.

SCÈNE XII

LES CHÊNES

PREMIER CHÊNE, *au second.*

Hé bien, compère, le cavalier ne l'a-t-il pas bien pris ?

DEUXIÈME CHÊNE

Oui, parbleu. Il faut avouer que les femmes trouvent de grandes ressources dans leur esprit.

PREMIER CHÊNE

Taisons-nous. Quelqu'un vient encore. Ma foi, notre crédit va repousser.

SCÈNE XIII

LES CHÊNES, ARLEQUIN,
SCARAMOUCHE, COLINETTE,
parée de quantité de diamants.

SCARAMOUCHE, *riant.*

Ha, ha, ha, ha ! Le bon coup de filet !

ARLEQUIN, *à part,
considérant Colinette.*

Ah, morbleu ! Que de charmes ! Que de richesses ! Les beaux yeux ! Les beaux diamants ! Je ne sais par où je dois commencer.

COLINETTE

(Air : *Landeriri*)
Mais, messieurs, où me menez-vous ?

ARLEQUIN

Nous voulons faire à votre époux.
Landerirette
Perdre l'argent d'un gros pari
Landeriri.

SCARAMOUCHE

Il a parié que nous ne pourrions pas vous enlever.

COLINETTE

Colin m'avait dit de l'attendre dans ce cabinet de verdure. Vous venez là ; vous m'enlevez ; et je ne sais pas seulement si vous êtes de la noce.

ARLEQUIN

Nous en serons, nous en serons.

COLINETTE

Qui êtes-vous donc, s'il vous plaît ?

SCARAMOUCHE

Nous sommes des étrangers de *sta* pays.

COLINETTE

(Air : *Talalerire*)
Tenez, je suis épouvantée.

SCARAMOUCHE

N'ayez point de mauvais soupçons ;
C'est une affaire concertée
Entre nous et tous les garçons.

COLINETTE

Hé quoi, ce n'est donc que pour rire ?

SCARAMOUCHE

Non, vraiment.

ARLEQUIN ET SCARAMOUCHE

Talaleri, talaleri, talalerire.

Ah ! Que ce sera drôle !

ARLEQUIN

Oui, ma foi.

SCARAMOUCHE, *bas, à Arlequin.*

Profitons de l'occasion.

ARLEQUIN, *bas,*
à Scaramouche.

Oui, allons... Mais attends... je pense qu'il faut d'abord songer au plus pressé : boire et manger. Voilà la bouteille et l'andouille que j'ai volées sur le buffet à la noce.

SCARAMOUCHE, *toujours bas.*

Je le veux bien. En attendant, mettons la belle dans la cahute qui est à l'orée de la forêt.

COLINETTE

Mais que dites-vous donc là tout bas ?

ARLEQUIN

(Air : *Réveillez-vous, belle endormie*)
Pour un peu souffrez qu'on vous mette
En lieu sûr.

COLINETTE

Pour quelle raison ?

ARLEQUIN

Il faut cela pendant qu'on traite
Avec Colin de la rançon.

COLINETTE

Oui-da ?

ARLEQUIN

Vous voyez bien que cela est nécessaire. Allons, ma poulette, allons.

Ils l'emmènent.

SCÈNE XIV

LES CHÊNES

PREMIER CHÊNE

Quel dommage que cette pauvre innocente soit la proie de ces brigands !

SCÈNE XV

LES CHÊNES, COLIN, GROS JEAN,
GUILLOT, GARÇONS ET FILLES
DE LA NOCE

COLIN

Ah ! Pore Colin, ils t'avont enlevé ta femme ! Et tu n'as seulement pas eu le temps de danser avec elle !

GUILLOT

Ne te boute pas en peine, Colin, je la retrouverons.

GROS JEAN

Va, va, mon neveu, c'te marchandise-là est comme les dés, ça ne se pard jamais !

COLIN

Eh ! De quel côté tournerons-je ? Si j'allons par ici, ils seront peut-être allés par ilà.

GUILLOT

Pargué, cousin, te v'la bian embarrassé. Que ne sarmones-tu ces abres ? Nan dit comme ça qu'ils savont tout çan qui se fait, et qu'ils jasont queuquefois comme des pies dénichées.

COLIN

Çamon, par ma figuette ! Pendant que je lentibornerons à leu demander quoi et qu'est-ce, Colinette sera... (*Il pleure.*) Ah ! ah ! ah ! Si je savais encore par où ces coquins-là avont enfilé !

GROS JEAN

La commère Simone a dit qu'ils aviont tiré vars ce chemin-ici.

GUILLOT

Tenez, Gros Jean. Allez-vous en tout finement droit par là sti-ci : je m'en vas avec sti-là par ce petit sentier ; et le cousin prendra par là avec stelles-là.

Ils s'en vont tous.

SCÈNE XVI

LES CHÊNES

PREMIER CHÊNE

À votre aise, monsieur Colin, à votre aise. Vous ne voulez pas vous donner la peine de nous consulter ? Tant pis pour vous !

SCÈNE XVII

LES CHÊNES, ARLEQUIN, SCARAMOUCHE

SCARAMOUCHE

Nous avons mis Colinette en sûreté.

ARLEQUIN

La porte est bien barricadée.

SCARAMOUCHE

Oui, parbleu !

ARLEQUIN

(Air : *Lampons, lampons*)
Nous aurons des diamants (*bis*)

SCARAMOUCHE

Un tendron des pious charmants (*bis*).

ARLEQUIN

Célébrons notre victoire
Nous avons là de quoi boire

TOUS DEUX

Lampons, lampons !
Camarade, lampons !

Ils boivent.

On entend de loin les voix de trois ou quatre paysans qui crient.

PAYSANS, *qu'on ne voit point.*

(Air : *Belle brune, belle brune*)
Colinette !
Colinette !

ARLEQUIN, *épouvanté.*

Hoimé !

SCARAMOUCHE, *fuyant.*

Sauve, sauve, voilà les gens de la noce !

SCÈNE XVIII

LES CHÊNES, ARLEQUIN

ARLEQUIN

Ahi ! Sono perduto !

Il court éperdu de tous côtés sans pouvoir se déterminer sur le chemin qu'il prendra.

Où vais-je me fourrer ?... Grimpons et cachons-nous sur cet arbre.

Il monte sur un chêne.

PAYSANS, *qu'on ne voit point.*

Colinette !
Colinette !

ARLEQUIN, *sur l'arbre, achevant l'air.*

Que me voilà bien ici
Dans ma petite cachette.

PAYSANS, *qu'on ne voit point.*

Colinette !
Colinette !

ARLEQUIN

(Air : *Parodié d'Amadis*)
Bois épais, redouble ton ombre
Tu ne saurais être assez sombre ;
Tu ne peux cacher un malheureux fripon.

Le Chêne sur lequel il est se remue. La peur saisit Arlequin, qui dit :

O poveretto me ! L'arbre se déracine, et se remue ! (*Le Chêne marche.*) Il marche ! Eh ! Monsieur l'arbre, doucement ! Où allez-vous donc ?... Laissez-moi descendre, je vous incommode peut-être... Hé, arrêtez donc, vous me faites mourir de peur ! Décidément, il est dur de la feuille ! (*Le Chêne le secoue.*) Ahi ! ahi ! ahi ! Si vous continuez à me secouer les tripes, il m'arrivera quelque accident, qui pourrait salir vos belles feuilles vertes... Holà donc, holà donc ! Vous prenez le mors aux dents... ! Ah, c'en est fait, je perds les étriers ! (*Il tombe en bas de l'arbre.*) Peste soit de la mariée ! Me voilà tout éreinté.

SCÈNE XIX

LES CHÊNES, ARLEQUIN,
GROS JEAN, GUILLOT

COLIN

Ah ! Mon ami Guillot, je sis tout parturbé de ne rian trouver.

ARLEQUIN, *à part.*

Comment diable me tirer de là ? Faisons le dormeur.

Il se met à ronfler.

GROS JEAN

Il faut aller avertir la marichaussée.

COLIN

Journée de mal-encontre !

Guillot, à Colin, apercevant Arlequin.

Aga, tian, cousin, j'avise là un homme qui dort. Enquêtons-nous de li s'il n'a rian vu.

Il avance vers Arlequin et le pousse.

Parlez, l'homme.

Arlequin continue de ronfler.

GUILLOT

Parlez donc, hé !

GROS JEAN

Réveillez-vous, mon ami.

ARLEQUIN, *se relevant, et parlant du ton d'un homme ivre.*

Allons, mon ami, allons, à votre santé.

Il chante en bâillant.

Tantaleri, tantaleri.

GUILLOT

N'av'ous pas vu la femme à Colin ?

ARLEQUIN

(Air : *Va-t'en voir s'ils viennent*)
La femme à Colin Tampon...

COLIN

Laisse-là st'homme, Guillot. Vois-tu pas bien qu'il n'y a point de raison à li ?

GUILLOT

Nennin, nennin. Morgué, il me porte bien la meine d'être un des fripons qui avont fait le coup.

ARLEQUIN

Messieurs, il ne s'agit pas de ça, je suis honnête homme, et ça ne se fait point, entendez-vous ?

GROS JEAN, *aux Chênes,*
ôtant son chapeau.

Messieurs les arbres, bâillez-nous, s'il vous plaît, votre mot là-dessus.

PREMIER CHÊNE

C'est un des ravisseurs de la jeune épousée.

ARLEQUIN, *s'approchant*
du Chêne.

Vous en avez menti !

LE CHÊNE, *lui donnant un soufflet*
d'une de ses branches.

Tiens, de ton démenti, reçois le châtiment !

ARLEQUIN

Miséricorde ! Un arbre qui parle et qui donne des soufflets !

GUILLOT

Ha, ha, c'est donc toï !

COLIN

Çà, te v'là attrapé ! Tu nous rendras Colinette tout comme elle était quand tu l'as prise, ou bien je t'allons bouttre en prison.

ARLEQUIN

Ah, maudit arbre ! Ah, chien d'arbre ! Fusses-tu disséqué en cotterets !

SCÈNE XX ET DERNIÈRE

LES CHÊNES, ARLEQUIN, COLIN,
GROS JEAN, GUILLOT, SCARAMOUCHE,
COLINETTE, GARÇONS ET FILLES
DE LA NOCE

UN GARÇON

Tian, Colin, v'là t'n épousée. J'avons attrapé ce coquin-là qui s'enfuyait.

Montrant Scaramouche qui fait la révérence.

Je l'avons tant bâtonné qu'il nous a tout dégoisé, et nous a menés là où ils aviont enfarmé Colinette.

ARLEQUIN, *à Scaramouche.*

Ah, poltron ! Tu en auras ta part !

COLIN, *sautant au cou de Colinette.*

Ma pore Colinette ! Tu me rebouttes le cœur au ventre ! Ces pendards-là ne t'avont-ils point pris de tes bijoux ?

COLINETTE

Oh ! Pour cela, non.

ARLEQUIN

On ne lui a pas ôté un cheveu.

GROS JEAN

Enfants, que ferons-nous de ces vaurians-là ?

ARLEQUIN

J'opine qu'on les fasse crever à force de boire et de manger.

SCARAMOUCHE

Je suis de l'avis de monsieur.

GUILLOT

Ils mériteriont pourtant d'aller faucher le grand pré.

COLIN

Non, non. Ils paraissent bons guiables. Je m'en vas parier qu'ils n'avoint fait ça que pour me faire charcher.

ARLEQUIN

Non vraiment, ce n'était que pour rire. Demandez plutôt à Colinette.

COLINETTE

Cela est vrai ; car ils me l'ont dit eux-mêmes.

COLIN

Grand merci, messieurs les Chênes.

PREMIER CHÊNE, *aux paysans.*

(Air : *J'ai fait souvent résonner ma musette*)
Ne songez plus, mes enfants, à vos peines.
Chantez, dansez, ayez le cœur joyeux.

Aux jeunes Chênes.

À leurs plaisirs prenez part, jeunes chênes.

À Arlequin et Scaramouche.

Et vous, fripons, fuyez loin de ces lieux.

ARLEQUIN

Vous n'avez que faire de nous le recommander ; nous n'aimons pas les arbres babillards.

Aussitôt il sort deux enfants de deux jeunes Chênes habillés de feuillages, qui se joignent aux paysans pour danser. Après la danse, on chante le branle suivant.

BRANLE

(Air : *de Monsieur Aubert*)

COLIN

Ici les bois savent parler
Il ne faut pas leur révéler
Ce qu'on ne dit qu'à la matrone :
Bien en prend qu'autour de Paris
On ne greffe pas les taillis
Avec du chêne de Dodone.

CHŒUR

Bien en prend, etc.

COLINETTE

On ne sait pas que dans Auteuil
La veuve Iris, pendant son deuil,
Ne répand que du vin de Beaune.
Bien en prend qu'autour de Paris,
On ne greffe pas les taillis
Avec du chêne de Dodone.

CHŒUR

Bien en prend, etc.

ARLEQUIN, *aux spectateurs.*

Messieurs, serrez vos flageolets
Qui font de si beaux ricochets
Quand une pièce n'est pas bonne.

Aux jugements qu'ont vos sifflets
On dirait qu'ils ont été faits
Du bois de chêne de Dodone.

CHŒUR

Aux jugements, etc.

FIN DE LA FORÊT DE DODONE

La Tête-Noire

*Pièce d'un acte de MM. Lesage,
Fuzelier et d'Orneval
représentée par la troupe du Sieur Francisque
à la Foire de Saint-Laurent, 1721.*

Cette pièce fut faite à l'occasion d'un faux bruit qui courut à Paris, qu'il y avait dans certaine communauté une jeune demoiselle, dont le visage ressemblait à une tête de mort. On offrait, disait-on, une somme considérable au premier garçon qui voudrait l'épouser. Il se présenta effectivement, pour la voir, un grand nombre de jeunes gens, qui étaient assez crédules pour ajouter foi à cette fable, et qui voulaient même entrer par force dans cette communauté. On fut obligé, pour les repousser, de mettre pendant plusieurs jours des gardes à la porte.

PERSONNAGES

M. JÉRÔME, *vieux garçon retiré du commerce.*
MME CANDI, *marchande confiseuse, sœur de M. Jérôme.*
ARGENTINE, *leur nièce.*
ARLEQUIN }
MARINETTE } *domestiques de M. Jérôme.*

CHARLOT \} *enfants de Mme Candi.*
JAVOTTE
CLITANDRE, *ancien maître d'Arlequin.*
UN CLERC DE PROCUREUR.
UN PEINTRE.
UN MITRON.
UN SUISSE.
UN GASCON.
UN NOTAIRE.
TROUPE DE MASQUES.

La scène est à Paris dans la maison de M. Jérôme. Le théâtre représente une salle.

SCÈNE I

MARINETTE, ARLEQUIN

ARLEQUIN

J'accours à vos ordres, mademoiselle Marinette. Qu'y a-t-il pour votre service ?

MARINETTE

J'ai appris que tu as quitté le service de Clitandre.

ARLEQUIN

Cela est vrai. J'ai été obligé de l'abandonner. Je n'étais plus en état de l'entretenir.

MARINETTE

Qu'appelles-tu l'entretenir ?

ARLEQUIN

Hé, parbleu ! le faire vivre. Il ne subsistait

depuis quelque temps que par le crédit que j'avais chez un rôtisseur et un cabaretier.

MARINETTE

Et ces animaux-là ont apparemment perdu patience ?

ARLEQUIN

Vous l'avez dit. Mon maître et moi, nous nous sommes séparés à l'amiable, pour n'être plus à charge l'un à l'autre.

MARINETTE

Tu as bien fait. Il ne tiendra qu'à toi d'entrer dans une meilleure condition.

ARLEQUIN

Où cela ?

MARINETTE

Ici.

ARLEQUIN

Serait-il possible ?

MARINETTE

Je t'ai proposé à M. Jérôme, mon maître. Il a besoin d'un valet qui ait de l'esprit et de l'adresse. En un mot, d'un homme comme toi.

ARLEQUIN

Vous êtes toujours flatteuse, ma princesse.

MARINETTE

M. Jérôme est un vieux garçon qui me laisse tailler et rogner à ma fantaisie.

ARLEQUIN

La bonne maison !

MARINETTE

Tu y feras grand' chère.

ARLEQUIN

Et de plus, je m'y verrai avec une aimable fille, qui a déjà eu pour moi de petites bontés préliminaires...

MARINETTE

Taisez-vous, badin ! J'aperçois M. Jérôme.

SCÈNE II

ARLEQUIN, MARINETTE, M. JÉRÔME

ARLEQUIN, *à part.*

La plaisante figure !

M. JÉRÔME, *bas à Marinette.*

Qui est cet homme-là ?

MARINETTE, *bas à M. Jérôme.*

C'est le sujet dont je vous ai parlé.

M. JÉRÔME, *envisageant Arlequin.*

Ha, ha ! Je crois qu'il me conviendra.

ARLEQUIN, *lui faisant la révérence.*

Monsieur, mademoiselle Marinette connaît mes petits talents.

MARINETTE, *bas à M. Jérôme.*

C'est votre vrai ballot[1]. Je vous laisse avec lui.

SCÈNE III

M. JÉRÔME, ARLEQUIN

M. JÉRÔME

Oh çà, mon ami, je te prends à mon service. Marinette m'a dit toutes tes bonnes qualités.

ARLEQUIN

Monsieur...

M. JÉRÔME

Elle m'a surtout vanté ta discrétion.

ARLEQUIN

Elle peut vous en répondre.

M. JÉRÔME

C'est une bonne caution, au moins.

ARLEQUIN

À qui le dites-vous !

M. JÉRÔME

Elle a toute ma confiance.

ARLEQUIN

J'en suis persuadé.

M. JÉRÔME

Je suis si content de cette gouvernante que je ne songe point à me marier.

ARLEQUIN

Oh, quand on a une fille comme celle-là dans un ménage, on peut bien se passer de femme !

M. JÉRÔME

Assurément. Je me repose sur elle pour l'arrangement de mes petites affaires.

ARLEQUIN

Cela vous soulage bien.

M. JÉRÔME

Je t'en réponds. Aussi, je ne prétends pas payer d'ingratitude tous ses bons services.

ARLEQUIN

Je le crois.

M. JÉRÔME

J'ai résolu de faire dès aujourd'hui sa fortune, et la tienne en même temps.

ARLEQUIN, *riant.*

Je vous vois venir, M. Jérôme.

M. JÉRÔME

Que veux-tu dire par là ?

ARLEQUIN

Vous rentrez en vous-même[1], et vous me choisissez pour vous défaire d'elle honnêtement.

M. JÉRÔME

Tu prends le change, mon enfant. Il ne s'agit point de cela. Écoute la confidence que j'ai à te faire.

ARLEQUIN

Vous n'avez qu'à parler.

M. JÉRÔME

J'avais un frère nommé Médard, établi à Carthagène. Sa femme et lui sont morts, et n'ont laissé qu'une fille de dix-huit ans, nommée Argentine, qui a pris le parti de s'embarquer pour venir en France avec cent bonnes mille livres en lingots.

ARLEQUIN

Cent mille livres ! Peste ! Cela est bon !

M. JÉRÔME

J'ai été la recevoir à Brest, et nous n'en sommes de retour que d'hier au soir. Mme Candi, ma sœur, veuve d'un confiseur de la rue des Lombards, qui est une marieuse, a déjà un épouseur en main pour Argentine.

ARLEQUIN

Tant mieux. Vous en serez plus tôt débarrassé.

M. JÉRÔME

Non, non, je ne veux point marier ma nièce. Il faudrait en la livrant...

Il fait l'action de compter de l'argent.

ARLEQUIN

Ah, je vous entends ! Vous couchez en joue les lingots.

M. JÉRÔME

Tu l'as dit. Et vois ce que j'ai dessein de faire pour me les approprier.

ARLEQUIN

Voyons.

M. JÉRÔME

Tu vas te déguiser en fille, et je te ferai passer pour Argentine.

ARLEQUIN

Qui, moi ? Fi donc ! Vous n'y pensez pas !

M. JÉRÔME

Oh que si ! Ce n'est que pour dégoûter le cavalier dont ma sœur a fait choix pour ma nièce.

ARLEQUIN

Fort bien.

M. JÉRÔME

Il me faut un visage très désagréable.

ARLEQUIN

Je vous parais donc propre.

M. JÉRÔME

Admirable. J'avais jeté les yeux sur un certain nègre, mais j'aime mieux te donner ce personnage à faire.

ARLEQUIN

Je vous remercie de la préférence.

M. JÉRÔME

Je ne sais pas même si le cavalier viendra jusqu'ici, car ma sœur ne t'aura pas si tôt vu qu'elle sera la première à rompre ce mariage.

ARLEQUIN

Cela peut être.

M. JÉRÔME

Tu devines le reste. Mme Candi me laissera disposer de la pupille dont je suis tuteur.

ARLEQUIN

Sans difficulté.

M. JÉRÔME

Aussitôt, je vous la cloître secrètement dans le fond d'une province où ma sœur ne s'avisera jamais d'aller.

ARLEQUIN

Voilà ce qui s'appelle un tuteur !

M. JÉRÔME

Je me rendrai maître de tous les lingots.

ARLEQUIN, *se grattant l'oreille.*

Il y a quelque chose à redire à cet article-là.

M. JÉRÔME

Oh, vous en aurez, Marinette et toi, une bonne partie !

ARLEQUIN

C'est une autre affaire.

M. JÉRÔME

Tu vois à présent mon intention.

ARLEQUIN

Je la trouve fort raisonnable.

M. JÉRÔME

Après tout, Argentine est belle et d'un caractère vif ; elle se perdrait dans le monde.

ARLEQUIN

Le bon oncle que vous êtes ! Vous n'avez en vue que son bien.

M. JÉRÔME

Or sus, ne perdons point de temps. Je vais faire avertir ma sœur de mon arrivée. Prépare-toi à bien jouer ton personnage.

ARLEQUIN

Ne vous mettez pas en peine.

M. JÉRÔME

Fais tout ce que tu pourras pour lui ôter l'envie de marier sa nièce.

ARLEQUIN

Vous serez content de moi.

M. JÉRÔME

Marinette va te donner tout ce qu'il faut pour ton déguisement.

Il sort.

SCÈNE IV

ARLEQUIN, *seul*.

Me voilà chargé d'un beau rôle ! Je suis obligé de me rendre désagréable aux hommes. Franchement, je ne sais si je pourrai m'y résoudre, quand j'aurai une fois sur le corps un habit de femme.

SCÈNE V

ARLEQUIN, MARINETTE

MARINETTE, *apportant une toilette et des habits de femme.*

Tiens, voici ma toilette et des habits que je t'apporte.

ARLEQUIN

Ah, petite malicieuse, c'est donc pour représenter une laideron que tu m'as introduit chez M. Jérôme !

MARINETTE, *lui passant la main
sous le menton.*

Va, mon ami ! Cette laideron-là ne laisse pas d'être à mes yeux un joli brunet.

ARLEQUIN

La friponne ! Que j'ai d'impatience de gagner des lingots !

MARINETTE

Je n'en ai pas moins d'envie que toi.

ARLEQUIN

Que je te ferai porter d'habits dorés, quand je serai ton mari !

MARINETTE, *s'en allant.*

Ah, que je t'en ferai porter aussi, quand je serai ta femme !

ARLEQUIN

Oh, je n'en doute pas !

SCÈNE VI

ARLEQUIN, *seul*

Çà, changeons de décoration. Voilà peut-être la première fois qu'on s'est mis à une toilette pour s'étudier à déplaire aux hommes.

Il arrange sa toilette, crache dessus le miroir, l'essuie, etc. Il se met sur un placet[1], prend un peigne, et dit :

Commençons par nous faire un tignon[2] en cul de Barbet[3].

Il fait comme s'il se peignait le derrière de la tête et, s'arrêtant tout à coup.

Mais non. Je n'y pense pas. Je suivrais la mode. Ce n'est pas le moyen de déplaire à des yeux français. Enluminons nos joues.

Il se met du rouge sur une joue et du blanc sur l'autre. Il regarde ensuite les spectateurs, et dit :

Il me semble que cela n'est pas mal. Mettons à présent notre coiffure.

Il prend une petite coiffure à la mode. Il l'examine et la retourne de tous côtés, en disant :

Quel diable d'escoffion[4] ! Quel colifichet !

Il la met sur sa tête et, après s'être regardé dans le miroir :

Morbleu ! Que fais-je ? Je me coiffe en *Oreille de chien*[5] ! S'agit-il donc ici de faire des conquêtes ? Voyons s'il n'y a pas d'autre coiffure.

Il en trouve une autre qui est à l'ancienne mode, fort élevée.

Bon. Voici des *Tuyaux d'orgue*[1] !

Il se la met sur la tête, se lève et vient sur le devant du théâtre se faire voir.

Quel drôle d'air cela me donne ! Je ressemble à une coquecigrue[2]. Ma foi, le tout bien considéré, j'en reviendrai à la première.

Il retourne à la toilette, et examine tout ce qu'il y a dessus.

Qu'est-ce que c'est que tout ceci ? Une *Crevée*, un *Solitaire*, une *Follette*, des *Maris*, une *Bagnolette*... Si j'étais sûr qu'il ne vînt point de petit-maître me voir, je pourrais me servir de tout cela, mais... Parbleu ! Tout coup vaille[3], mettons-nous à la mode !

Il se met tous ces ajustements.

Allons, ma jupe, à présent. La voici. Diable ! C'est une *Criarde* ! Mais n'est-ce point plutôt un *Gaillard* ? Non, ma foi, c'est un vrai *panier*.

Il met ce panier qui est d'une largeur outrée.

Malepeste ! Quel contour !

Et, en mettant la jupe.

Je suis aussi large par le bas que Georges d'Amboise[4].

Il fait plusieurs lazzis en achevant de

s'habiller. Après quoi, il se regarde dans le miroir, et chante.

Ah ! Vous avez bon air,
Bon air vous avez !

SCÈNE VII

ARLEQUIN, M. JÉRÔME

M. JÉRÔME, *riant.*

Ha, ha, ha, ha, ha ! Quel minois !

ARLEQUIN, *minaudant
comme une coquette.*

Monsieur Jérôme, de grâce, ne me flattez point. Comment me trouvez-vous ?

M. JÉRÔME

À merveille. Tu es un vrai remède d'amour.

ARLEQUIN

C'est ce qui me semble. Je ferais présentement la nique à un épouvantail de chènevière[1].

M. JÉRÔME

C'est ainsi que je te voulais. Qu'il vienne maintenant des épouseurs !

SCÈNE VIII

M. JÉRÔME, ARLEQUIN, MARINETTE

MARINETTE, *d'un air empressé.*

Chut, chut ! Mme Candi est à la porte avec ses enfants.

M. JÉRÔME

Il faut que je la prévienne. Retire-toi pour un moment avec Marinette.

SCÈNE IX

M. JÉRÔME, *seul.*

Notre sœur est une commère bien rusée : mais avec toute sa finesse, elle sera la dupe de mon stratagème.

SCÈNE X

M. JÉRÔME, MME CANDI, CHARLOT, JAVOTTE (*les enfants*).

MME CANDI, *courant embrasser M. Jérôme.*

Bonjour, mon frère. Soyez le bien-revenu.

Scène X

M. JÉRÔME

Excusez, ma sœur, si je ne vous ai pas prévenue. Mais je me suis senti si fatigué de ce misérable coche...

MME CANDI

Bon ! Nous devons bien être sur la cérémonie, nous autres !

CHARLOT, *sautant au cou
de M. Jérôme.*

Eh, mon oncle, vous voilà !

JAVOTTE, *embrassant
aussi son oncle.*

Comment vous portez-vous, mon oncle ?

M. JÉRÔME

Fort bien, mes enfants, fort bien.

MME CANDI

Et ma chère nièce Argentine : où est-elle donc, mon frère ? Je suis grosse[1] de l'embrasser.

M. JÉRÔME

Ah, ma sœur, je suis dans la dernière désolation !

MME CANDI, *étonnée.*

Que dites-vous ?

M. JÉRÔME

Que nous sommes malheureux !

MME CANDI, *fort émue.*

Qu'y a-t-il donc ? Expliquez-vous !

JAVOTTE

Est-ce qu'elle est malade, mon oncle ?

CHARLOT

Serait-elle morte ?

M. JÉRÔME

C'est pis que tout cela. Ce n'est pas une fille que j'ai amenée à Paris, c'est un monstre.

MME CANDI

Juste ciel !

M. JÉRÔME

Elle est d'une laideur, mais d'une laideur...

MME CANDI

Qu'entends-je !

JAVOTTE

Ah !

CHARLOT

Est-il possible ?

M. JÉRÔME

Elle est effroyable. Vous en allez juger.

Il appelle.

Holà, Marinette !

SCÈNE XI

M. JÉRÔME, MME CANDI, CHARLOT,
JAVOTTE, MARINETTE

MARINETTE

Me voici.

M. JÉRÔME

Faites venir Argentine.

MARINETTE

Argentine ?

M. JÉRÔME

Oui, Argentine.

MARINETTE

Pardi ! Voilà encore une belle pièce de cabinet ! Le beau régal à donner à Mme Candi !

MME CANDI

N'importe, Marinette, allez la chercher.

MARINETTE

Madame, si vous saviez jusqu'à quel point elle est horrible...

M. JÉRÔME

Faites ce que l'on vous dit.

MARINETTE

Représentez-vous une tête plus noire...

MME CANDI

Plus noire, plus noire... Obéissez, raisonneuse ! Il faut bien que je la voie, une fois.

M. JÉRÔME

Satisfaites ma sœur.

MARINETTE

Oh ! tout à l'heure[1].

Elle fait deux pas et revient.

Mais, madame, n'y a-t-il aucun danger à vous la montrer[2] ?

MME CANDI

À me la montrer ! Vous êtes bien impertinente, ma mie. Il y a un an que je suis veuve.

MARINETTE

Je vous demande pardon. Je ne compte pas comme vous les jours de veuvage.

Elle s'en va.

SCÈNE XII

M. JÉRÔME, MME CANDI, CHARLOT, JAVOTTE

MME CANDI, *en colère.*

Autre insolence. Mais voyez un peu cette bégueule[1] avec ses airs railleurs. Je ne sais qui me tient...

M. JÉRÔME, *la retenant.*

Ne vous emportez pas, ma sœur. Elle n'a pas cru...

MME CANDI

Elle n'a pas cru, elle n'a pas cuit... Vraiment, elle aura toujours raison avec vous !

M. JÉRÔME

Voici notre Américaine.

SCÈNE XIII

M. JÉRÔME, MME CANDI, CHARLOT, JAVOTTE, MARINETTE, ARLEQUIN

MARINETTE

Place, place à la belle Argentine !

JAVOTTE

Ah, qu'elle est laide !

CHARLOT

La vilaine cousine !

MME CANDI

Ô Dieux !

MARINETTE, *à Mme Candi.*

Vous a-t-on surfait ?

M. JÉRÔME, *à sa sœur.*

Je vous l'ai bien dit !

MME CANDI.

Mon frère Médard peut-il avoir fait une pareille créature ?

ARLEQUIN

En vérité, ma tante, j'ai honte de paraître devant vous dans l'état où m'a mise une longue navigation. (*L'embrassant.*) Permettez-moi de vous accoler.

MME CANDI, *s'essuyant le visage.*

Pouah !

ARLEQUIN, *à Javotte.*

Venez, ma chère cousine, que je vous embrasse.

Scène XIII

JAVOTTE, *se retirant*
derrière sa mère.

Oh, non ! Je ne veux pas vous baiser.

ARLEQUIN

Et vous, mon petit cousin ?

CHARLOT

Vous êtes trop laide ! Allez, je vous en quitte[1] !

ARLEQUIN, *déclamant sur le ton*
d'un héros de théâtre ces vers parodiés
de Phèdre et Hippolyte.

Que vois-je ? Quelle horreur dans ces lieux répandue
Fait faire à mes parents la grimace à ma vue ?
Je n'ai pour tout accueil que des frémissements !
Tout fuit, tout se refuse à mes embrassements !
Et moi-même, éprouvant la terreur que j'inspire
Je voudrais être encor dans mon frêle navire[2].

M. JÉRÔME, *à Arlequin.*

Ma nièce, vous ne devez point trouver cet accueil étrange ; les traits et la noirceur de votre visage...

ARLEQUIN

Il est vrai que je suis diablement hâlée.

MME CANDI

Oui, c'est un hâle que vous avez apporté du ventre de la mère.

ARLEQUIN

Hé, ventrebleu ! Madame Candi, est-ce ma faute, à moi ? Ma chienne de mère avait toujours à ses trousses une douzaine de nègres.

MME CANDI

Comme elle parle !

ARLEQUIN

Telle que vous me voyez pourtant, je n'ai pas laissé de faire du bruit dans le Nouveau Monde.

MARINETTE, *à part*.

Que va-t-il dire ? Il va s'embarrasser.

ARLEQUIN

J'ai été enlevée cinq ou six fois. Et mon père à la fin fut obligé de me mettre à l'hôpital pour soustraire mes charmes aux poursuites de mes amants.

M. JÉRÔME, *à Mme Candi*.

Quelle éducation on lui a donnée !

ARLEQUIN

Il fallait voir comme chacun me cajolait sur la route. Il y avait plus de matelots après moi qu'il n'y a de pages après une jolie bouquetière.

MME CANDI, *à part*.

Quelle effrontée !

Scène XIII

MARINETTE, *à Arlequin.*

Vous ne serez pas dans ce pays-ci si tourmentée des hommes.

ARLEQUIN, *à Marinette.*

Taisez-vous, guenon. *(À Mme Candi.)* À propos d'hommes, ma tante, vous ne me parlez point du Grivois[1] que vous me destinez. Je ne doute pas que vous ne l'ayez bien choisi. Vous me paraissez une connaisseuse.

MME CANDI

Quelle impudence ! Cela ne presse pas, petite garçonnière.

ARLEQUIN

Pardonnez-moi, vraiment. Et si vous ne vous dépêchez de me marier, je veux que cinq cent mille diables m'emportent, si je ne recommence la vie que je menais dans l'Amérique.

MME CANDI, *en fureur.*

C'en est trop ! Je ne puis plus la souffrir !

M. JÉRÔME, *à Marinette.*

Qu'on la remène dans son appartement.

ARLEQUIN

Adieu, ma tante.

SCÈNE XIV

M. JÉRÔME, MME CANDI, CHARLOT, JAVOTTE

MME CANDI

Ah ! Mon frère, la vilaine bête !

M. JÉRÔME

C'est l'opprobre de la famille. Il faut enfermer cela au plus tôt dans un cloître pour le reste de ses jours.

MME CANDI

Non, non. On ne gardera pas dans un couvent une fille de ce caractère-là, qui serait capable de corrompre les autres, et de nous déshonorer par quelque action d'éclat. Et d'ailleurs, nous aurions sur la conscience tout le mal...

M. JÉRÔME

Hé ! Qu'en ferons-nous donc ?

MME CANDI

Marions-la au premier venu. Car il ne faut plus penser au gentilhomme que je voulais lui donner.

M. JÉRÔME

Mais qui diable en voudra ?

MME CANDI

Je vais envoyer ici tous les hommes que je rencontrerai. Il y aura bien du malheur, s'il ne s'en trouve pas quelqu'un que cent mille livres puissent tenter.

M. JÉRÔME

Mais, ma sœur, quel projet...

MME CANDI

Je le veux.

M. JÉRÔME

Songez-vous au ridicule que...

MME CANDI

Paroles perdues. Vous savez que quand j'ai envie de faire quelque chose, je n'en démords jamais !

Elle sort avec ses enfants.

SCÈNE XV

M. JÉRÔME, *seul*.

Quel entêtement ! Me voilà dans un embarras que je n'avais point prévu.

Il appelle.

Marinette ! Arlequin !

SCÈNE XVI

M. JÉRÔME,
MARINETTE, ARLEQUIN

ARLEQUIN

Que vous plaît-il, mon oncle ?

M. JÉRÔME

Hé, mon oncle ! Maudit babillard ! Tu viens de nous tailler de belle besogne[1] !

ARLEQUIN

Qu'y a-t-il ?

M. JÉRÔME

Tu nous mets dans la nécessité d'essuyer les visites de tous les hommes que Mme Candi va nous envoyer.

ARLEQUIN

Pourquoi donc cela ?

M. JÉRÔME

Tu pouvais bien te passer de témoigner tant d'envie de te marier. Tu as paru trop effrontée à ma sœur, qui se fait un scrupule qu'on te mette au couvent. Elle veut qu'on te livre au premier qui voudra de toi.

MARINETTE

Tant pis. Il y a à Paris des affamés qui...

ARLEQUIN

Hé bien, il faudra refuser ceux-là.

M. JÉRÔME

Oui. Mais ils iront se plaindre à ma sœur, qui nous en amènera peut-être un, dont nous aurons bien de la peine à nous débarrasser.

ARLEQUIN

Ne craignez rien.

MARINETTE

On frappe. N'en serait-ce pas déjà quelqu'un ?

Elle va ouvrir la porte.

ARLEQUIN

Je vais prendre un voile, pour mieux me jouer des originaux qui vont venir me voir.

Il sort.

SCÈNE XVII

M. JÉRÔME, *seul.*

Morbleu, j'enrage ! Tout ceci va faire un cancan parmi les badauds. Ils assiégeront ma porte, et je serai obligé d'y mettre des Gardes.

SCÈNE XVIII

M. JÉRÔME, UN CLERC DE PROCUREUR

LE CLERC, *saluant M. Jérôme.*

Monsieur, n'est-ce pas à vous qu'il faut s'adresser pour voir la Tête-Noire ?

M. JÉRÔME

Qu'appelez-vous la Tête-Noire ?

LE CLERC

C'est une riche demoiselle qui arrive d'Amérique. Mme Candi, que je viens de rencontrer, me propose de l'épouser, si elle me convient.

M. JÉRÔME

Vous n'êtes pas, sans doute, informé de toute sa laideur.

LE CLERC

Pardonnez-moi. Mais je suis maître-clerc de procureur ; je n'ai pas de quoi acheter une charge : je suis capable de tout faire pour en avoir une.

M. JÉRÔME, *à part.*

Ce drôle-là paraît avoir bon appétit. Tâchons de le détourner de son dessein.

Haut.

Mon enfant, je ne vous conseille pas...

LE CLERC

Trêve de conseil là-dessus. La dame sera bien horrible si j'y renonce.

M. JÉRÔME

Je vois qu'il faut vous contenter. Tenez, la voici. Vous pouvez l'entretenir.

M. Jérôme se retire.

SCÈNE XIX

LE CLERC, ARLEQUIN,
le visage couvert d'un voile.

LE CLERC

Mademoiselle, vous voyez un apprenti procureur, à qui madame votre tante a permis de comparaître devant vous, pour vous proposer de vous conjoindre avec lui par le lien matrimonial.

ARLEQUIN

Vous me faites trop d'honneur, monsieur. Je voudrais que mes charmes fussent au niveau de mon bien, pour pouvoir vous offrir l'agréable et l'utile.

LE CLERC

Oh, ma foi, mademoiselle, les procureurs n'ont affaire que du dernier, et ce n'est point une belle femme qui porte chez eux la Corne d'abondance !

ARLEQUIN

Cela suppose que les procureurs négligent bien leurs femmes. Écoutez, je ne m'accommoderais point du tout d'un mari indifférent.

LE CLERC

Je ne ressemblerai point aux autres.

ARLEQUIN

Je serais au désespoir d'être obligée de rabattre sur des clercs[1].

LE CLERC

Vous n'en viendrez pas là. Allons, ma Reine, faites vite exhibition de ces traits que vous me cachez.

ARLEQUIN

Non, non. Tenez, mon poulet, je crois que vous feriez mieux de m'épouser sur l'étiquette[1].

LE CLERC

Vous n'avez rien à craindre, ma Princesse ; je suis prévenu que vous n'êtes pas belle.

ARLEQUIN

Mais j'ai le visage si baroque !

LE CLERC

N'importe.

ARLEQUIN

J'ai le teint plus noir que l'âme d'un vieux procureur.

LE CLERC

Tant mieux ! Mon front en sera plus en sûreté. Montrez-vous, de grâce.

ARLEQUIN

Je ne puis m'y résoudre.

LE CLERC

Je vous en prie.

ARLEQUIN, *levant son voile.*

Je cède à vos instances.

LE CLERC, *fuyant épouvanté.*

Ah ! L'horrible monstre ! J'aime encore mieux me passer de charge.

SCÈNE XX

ARLEQUIN, *seul, riant.*

Ha, ha, ha, ha, ha ! Comme il détale ! Bon. En voilà déjà un d'expédié.

Il abaisse son voile.

SCÈNE XXI

ARLEQUIN, UN PEINTRE

LE PEINTRE, *à part.*

Voici sans doute la personne en question.

ARLEQUIN, *à part.*

Autre coureur de lingots.

LE PEINTRE, *encore à part.*

Elle n'est, parbleu, pas mal faite.

ARLEQUIN

À qui en voulez-vous, monsieur ?

LE PEINTRE

À Mlle Argentine.

ARLEQUIN

C'est moi. Qui êtes-vous ?

LE PEINTRE

Je suis un peintre qui a plus d'habileté que de bonheur.

ARLEQUIN

Cela veut dire en bon français que vous êtes gueux.

LE PEINTRE

C'est la vérité.

ARLEQUIN

Je sais un moyen de vous enrichir.

LE PEINTRE

Quel est-il ?

ARLEQUIN

Vous n'avez qu'à me peindre en petit, faire graver et courir mon portrait dans les rues : tout Paris l'achètera[1].

LE PEINTRE

Je ne veux devoir ma fortune qu'à l'original.

ARLEQUIN

Rien n'est plus poli.

LE PEINTRE

Oui, mademoiselle, avec quelques couleurs qu'on m'ait peint votre visage, mon cœur (que l'Amour, sans doute, a destiné pour vous) m'a fait regarder comme une fable tout ce qu'on m'en a dit. En un mot, je vous crois belle. Mon imagination est prévenue en votre faveur.

ARLEQUIN, *à part.*

Voilà un fou qui est bien peintre. Il faut que je m'en divertisse.

LE PEINTRE, *lui prenant la main.*

Laissez-moi, je vous en conjure, laissez-moi voir ces traits dont je me suis fait une si charmante idée.

ARLEQUIN, *d'un air attendri.*

Hélas !

LE PEINTRE

Vous soupirez !

ARLEQUIN

Ah ! petit fripon ! Pourquoi vous ai-je vu ?

LE PEINTRE

Qu'entends-je ? Serais-je assez heureux pour...

ARLEQUIN, *à demi-voix.*

Paix. Taisez-vous. Voyez si quelqu'un ne serait point aux écoutes.

LE PEINTRE, *après avoir regardé*
de tous côtés.

Je ne vois personne. Mon ange, décidez de mon sort.

ARLEQUIN

Je vous aime, mon mignard[1]. La confidence que je vais vous faire ne vous permettra pas d'en douter. Je suis belle, en effet, et plus belle encore que vous ne l'imaginez.

LE PEINTRE, *transporté,*
lui baisant la main.

J'en suis persuadé. Cette menotte me le promettait bien.

ARLEQUIN

M. Jérôme, mon oncle, qui par des vues de tuteur me fait passer dans le monde pour une créature effroyable, me défend d'ôter mon voile, sous peine d'être battue comme plâtre.

LE PEINTRE

Le méchant homme !

ARLEQUIN

Mais quand je devrais recevoir autant de coups

de bâton qu'une bourrique de Montmartre, je veux satisfaire votre curiosité.

LE PEINTRE

Que d'attraits vont s'offrir à mes yeux !

ARLEQUIN

Je vais vous montrer un modèle qui vous servira pour peindre Vénus.

Il lève son voile.

LE PEINTRE, *effrayé, s'enfuyant.*

Miséricorde ! C'est plutôt un modèle pour peindre en laid les Furies d'Enfer[1] !

Arlequin abaisse son voile.

SCÈNE XXII

ARLEQUIN, UN MITRON,
ayant vu sortir le Peintre.

LE MITRON, *à part.*

C'est mon tour à glisser[2]. Sachons si c'est pour nous que le four chauffe.

ARLEQUIN, *chantant.*

Un mitron de Gonesse
Vient pour cuire à mon four...

Scène XXII

LE MITRON

Çà, mademoiselle, voyons voir si nous nous accommoderons l'un de l'autre.

ARLEQUIN

J'en doute fort, mon ami.

LE MITRON

Pourquoi ?

ARLEQUIN

Ne vous a-t-on pas dit que j'étais richement laide ?

LE MITRON

Pour çà, oui. Mais quand on ne me l'aurait pas dit, je l'aurais morgué bien deviné.

ARLEQUIN

À quoi ?

LE MITRON

Est-ce qu'on jetterait comme ça à la tête une fille qui a tant de quibus[1], si elle n'avait pas queuque fer qui loche[2] ?

ARLEQUIN

Tu as raison. Et malgré l'attrait de mes lingots, j'ai bien peur de monter en graine[3].

LE MITRON

Oh, que non ! Il n'y a si petit pot qui ne trouve son couvercle. Tenez, mademoiselle. Il ne faut point tant de farine pour faire une miche. Touchez-là. Je suis votre homme, queuque mine que vous portiez dans la phisolomie.

ARLEQUIN

Tu ne pourras jamais m'envisager sans jeter tripes et boyaux.

LE MITRON

L'y a du remède à ça. Je vous mettrai pendant le jour la tête dans un sac. Et la nuit, (comme dit l'autre), tous chats sont gris.

ARLEQUIN

Ce n'est pas tout, mitron. Un mari aura bien à souffrir de mon humeur.

LE MITRON

Je m'accommode de tout, moi.

ARLEQUIN

Je suis fantasque, brutale, diablesse.

LE MITRON

Je sommes donc de la même pâte.

ARLEQUIN

Je bois comme un tambour[1].

LE MITRON

Tant mieux ! Je m'enivre ordinairement tout seul ; vous me tiendrez compagnie.

ARLEQUIN, à *part*.

Rien ne dégoûte cet homme-là !

Haut.

Nous voilà d'accord, mon ami. Il ne reste plus qu'une difficulté. Une fille comme moi n'est pas faite pour un mitron.

LE MITRON

Hé, pargoi ! Avec votre argent, j'aurai bientôt acheté une savonnette à vilain.

ARLEQUIN, *se dévoilant.*

À propos de savonnette, trouves-en une pour ce visage-là !

LE MITRON, *saisi d'effroi et tremblant
de tous ses membres.*

Ahi, ahi, ahi, ahi, ahi, ahi, ahi !

ARLEQUIN

Qu'avez-vous donc, mon petit pain mollet ?

LE MITRON, *se retirant à reculons
et pas à pas, en regardant Arlequin
en homme transi de peur.*

Eh, c'est un démon !... Oui, c'en est un ! Il n'a point de blanc dans les yeux !

SCÈNE XXIII

ARLEQUIN, *seul, riant.*

Mitron, serre la botte[1] ! Serre la botte ! Ha, ha, ha ! J'ai cru d'abord ce drôle-là plus résolu.

SCÈNE XXIV

ARLEQUIN, MARINETTE

MARINETTE

Courage, Arlequin ! Cela ne va pas mal.

ARLEQUIN

N'est-il pas vrai ?

MARINETTE

Assurément. Tu vas voir tout à l'heure un Suisse[2] qui est à la porte.

ARLEQUIN

Tant pis.

MARINETTE

Il est entre deux vins.

ARLEQUIN

Un Suisse entre deux vins ! Ah, morbleu ! Qu'on ne le laisse pas entrer, ou je ne réponds de rien !

MARINETTE

Il n'est plus temps. Le voici.

ARLEQUIN, *abattant son voile.*

La mauvaise visite !

SCÈNE XXV

ARLEQUIN, MARINETTE, UN SUISSE

LE SUISSE, *à Marinette.*

N'être pas d'ici, mondame, que l'avre ein demoisel avec ein tête de mort ?

ARLEQUIN, *à part.*

Que vais-je devenir ?

MARINETTE, *au Suisse.*

Que lui voulez-vous ?

LE SUISSE

En vouloir faire mon femme.

MARINETTE

Mais savez-vous qu'elle est hideuse, et que...

LE SUISSE

Oh ! moi point de dégoûteman ! Che prendrai lui, quand serait ein Diaple.

ARLEQUIN, *à part*.

Le maudit Suisse !

LE SUISSE, *montrant Arlequin*.

L'être là ?

MARINETTE

C'est elle-même.

LE SUISSE

Mondemoisel. Serviteur à vous. Montrer ein peu ton tête.

ARLEQUIN

Allez-vous-en !

LE SUISSE

Moi point m'en aller, et épouser toi tout-à-s't'hire.

ARLEQUIN

Je ne suis pas pressée.

LE SUISSE

L'être, moi, d'avre on l'argent, per poire touchours comme ein trou.

ARLEQUIN, *à part*.

Le vilain sac-à-vin !

LE SUISSE

Point de refuseman, ou moi coupe ton tête noire.

Il tire son sabre.

ARLEQUIN, *lui retenant le bras,
et se dévoilant.*

Attendez donc ! Attendez donc !

LE SUISSE

Comment ? N'être point si effroyaple...

ARLEQUIN, *à part.*

Ah ! Je m'en doutais bien !

LE SUISSE

L'être presque cholie...

ARLEQUIN, *à part.*

Hoïmé ! De quelle façon m'en déferai-je ?

Bas à Marinette.

Va-t'en vite quérir du vin, que je l'achève.

Marinette court chercher du vin.

SCÈNE XXVI

ARLEQUIN, LE SUISSE

LE SUISSE

Si vous l'épousse moi, fous sera le maître dans mon maison. Moi demeurer touchours à l'caberet.

ARLEQUIN

Vous êtes fort de mon goût, ma grosse futaille[1]. Ho çà, il faut ébaucher la connaissance par boire ensemble. Voilà de bon vin qu'on nous apporte.

SCÈNE XXVII

ARLEQUIN, LE SUISSE, MARINETTE

LE SUISSE, *sautant*
au cou d'Arlequin.

Meiner lieben frau ! Chel fous aimerai encore plus que davantage ! L'être ein bonne vivante !

ARLEQUIN, *lui présentant un verre,*
et lui versant du vin.

Allons, *Trinckt, mein Herr* !

Le Suisse se jette sur la bouteille, et la vide et, après plusieurs lazzis d'ivrogne qui donnent du jeu à Arlequin, il tombe ivre mort.

MARINETTE

Nous en voilà débarrassés.

ARLEQUIN

Aide-moi, Marinette, à le traîner dans la rue.

Ils le prennent chacun par une jambe et le tirent dehors. Arlequin, en rentrant, dit :

Nous avons, ma foi, bien fait de le prendre par là ; il nous aurait taillé des croupières[1].

MARINETTE

J'en avais peur. Quel autre homme vient ici ?

Arlequin baisse son voile.

SCÈNE XXVIII

ARLEQUIN, MARINETTE,
UN GASCON

UN GASCON

Serviteur, Mesdemoiselles. De grâce, qui de vous deux est la Tête-Noire ?

MARINETTE

Le compliment est gracieux.

ARLEQUIN

C'est moi, M. de la Garonne, à votre service.

UN GASCON

Sandis ! Voilà déjà une taille qui me met tout en feu !

MARINETTE

Peste ! Vous êtes bien combustibles, vous autres gascons !

ARLEQUIN

Ce n'est rien que ma taille. Quand vous aurez vu mon minois, il faudra vous lier.

LE GASCON

Ne croyez pas railler. Je m'attends bien à vous trouver de mon goût.

MARINETTE

Quel conte ! Un joli homme comme vous, qui sans doute est couru des plus aimables dames…

UN GASCON

Hé donc ! C'est pour cette raison. Je suis assiégé par les plus belles femmes. La beauté me put[1]. J'en ai jusques aux gardes.

ARLEQUIN, *à part*.

Le fat !

MARINETTE

Oh ! Nous avons de quoi vous remettre en appétit !

LE GASCON

C'est ce que je cherche. Je me figure qu'une laide me piquera.

ARLEQUIN

Ce n'est donc pas mes cent mille livres qui vous amènent ?

LE GASCON

Cela ne gâtera rien. J'ai besoin de cette somme entière pour achever de payer une terre de trente mille écus.

MARINETTE, *riant.*

Quelle avance avez-vous donc faite ?

LE GASCON

J'ai avancé ma parole, ce n'est pas peu. Mais dépêchons-nous, mignonne. Montrez-vous, je vous épouse.

ARLEQUIN

Me le promettez-vous ?

LE GASCON

Oui, Diou me damne !

ARLEQUIN

Je me rends à ce serment. Vous allez me voir. Mais,
 « Rodrigue, as-tu du cœur[1] ? »

LE GASCON

Si j'ai du cœur, cadédis !

 « Paraissez, Navarrais, Mores et Castillans[2] ! »

ARLEQUIN, *se dévoilant.*

Hé bien, tenez. Voici un More.

LE GASCON, *effrayé.*

Ah, ventrebleu ! Quel visage !

MARINETTE

Voilà ce que vous demandez, n'est-ce pas ?

LE GASCON

Pas tout à fait, cette laideur passe un peu le but.

MARINETTE

Comment donc, Monsieur ? Vous mollissez ?

ARLEQUIN

Vous saignez du nez ! Est-ce ainsi, petit traître, que vous gardez la foi jurée ?

LE GASCON

Attendez. Cette affaire demande quelque réflexion. Je repasserai tantôt.

Il sort brusquement.

ARLEQUIN, *riant.*

Ha, ha, ha, ha !

MARINETTE

Attendez-le sous l'orme[1] !

SCÈNE XXIX

ARLEQUIN, MARINETTE, M. JÉRÔME

ARLEQUIN, *rabaissant son voile.*

Voici encore quelque galant. Mais non, c'est M. Jérôme.

M. JÉRÔME, *d'un air intrigué.*

Arlequin, voici ma sœur qui amène le cavalier qu'elle avait choisi pour Argentine.

ARLEQUIN

Laissez-le venir. Je vous en rendrai bon compte.

SCÈNE XXX

M. JÉRÔME, ARLEQUIN, MARINETTE,
MME CANDI, CLITANDRE, UN NOTAIRE

MME CANDI, *à Clitandre.*

Vous ne voulez donc pas me croire ?

CLITANDRE

Non, madame. Je crois plutôt que vous plaisantez. Argentine ne saurait être telle que vous me la dépeignez.

ARLEQUIN, *à part.*

Ciel ! C'est Clitandre, mon maître !

MME CANDI

Vous allez être désabusé.

M. JÉRÔME

Je vous en réponds.

CLITANDRE, *montrant le Notaire
qui l'accompagne.*

Hé bien, en ce cas-là, nous n'aurons qu'à déchirer le contrat que monsieur a déjà dressé par votre ordre.

À Arlequin.

Belle Argentine, c'est pour me surprendre plus agréablement qu'un oncle, qu'une tante me veulent prévenir contre vous. Je n'en suis pas la dupe.

ARLEQUIN

Oh, pour cela, si ! Vous ne vous attendez point à voir le visage que je vais vous montrer.

Il se découvre.

CLITANDRE, *épouvanté,
reculant.*

Ô Dieux !

ARLEQUIN, *bas à Clitandre.*

C'est moi.

CLITANDRE, *sans reconnaître Arlequin.*

Quel objet horrible !

ARLEQUIN, *toujours bas.*

Je suis Arlequin.

CLITANDRE, *reconnaissant Arlequin.*

Ah !

ARLEQUIN, *bas.*

Dites que vous voulez m'épouser.

Il tousse.

MME CANDI, *à Clitandre.*

Vous me croyez présentement.

M. JÉRÔME

Hé bien, Monsieur, vous voyez.

MARINETTE

Voilà de quoi est la triomphe[1].

CLITANDRE, *à Mme Candi.*

Laissez-moi la regarder encore.

MME CANDI

Oh, tant qu'il vous plaira !

CLITANDRE, *après avoir regardé
un moment Arlequin.*

Véritablement, la belle Argentine n'a pas le coup d'œil favorable. Mais, à force de la regarder, je découvre des grâces qui succèdent à des défauts.

MME CANDI

Vous vous égayez, monsieur.

CLITANDRE

Non, sur ma foi, madame. Elle a une taille, un port qui m'enchantent.

ARLEQUIN, *faisant la révérence.*

Cela vous plaît à dire, monsieur.

M. JÉRÔME

Il plaisante. Quel conte !

MARINETTE

Il se moque de la barbouillée.

CLITANDRE

Je parle, vous dis-je, très sérieusement. Et je suis prêt à recevoir sa main, pourvu qu'elle consente à mon bonheur.

ARLEQUIN, *faisant la Précieuse.*

Monsieur, je dépends d'un oncle et d'une tante. Je n'ai point d'autre volonté que la leur.

M. JÉRÔME

Penses-tu à ce que tu dis, maraud ?

ARLEQUIN, *à M. Jérôme.*

Vous avez beau faire, mon oncle ; vous me marierez avec monsieur, ou le Diable vous emportera.

MARINETTE

L'étourdi !

M. JÉRÔME, *à Clitandre.*

Vous l'entendez ! Voudriez-vous faire la folie d'épouser une dévergondée comme celle-là ?

CLITANDRE

Bon ! Ce sont des vivacités qui n'effarouchent point un Officier.

MME CANDI, *à M. Jérôme.*

Hé, pourquoi, mon frère, voulez-vous détourner monsieur de son dessein ? Savez-vous bien qu'il nous fait trop d'honneur ?

ARLEQUIN, *après avoir parlé
à l'oreille de Marinette,
lui dit à demi-voix.*

Va la chercher.

MME CANDI, *au Notaire.*

Donnez-moi que je signe le contrat.

M. JÉRÔME, *à part.*

Je ne sais comment sortir de cet embarras-là.

LE NOTAIRE, *présentant la plume
à Mme Candi.*

Madame, la voici.

MME CANDI, *signe et donne ensuite
la plume à M. Jérôme.*

À vous, mon frère.

M. JÉRÔME, *après avoir signé,
dit à part :*

Il me vient une idée.

Il donne la plume à Clitandre, et pendant que ce cavalier signe, il dit bas à Arlequin :

Ne signe point, toi, et disparais. Je démêlerai la fusée comme je pourrai.

ARLEQUIN, *voyant arriver Marinette
qui conduit Argentine.*

Attendez, monsieur. Voici une demoiselle qui va signer pour moi.

M. JÉRÔME, *faisant un grand cri.*

Ah ! Je suis trahi !

SCÈNE XXXI

LES ACTEURS DE LA SCÈNE PRÉCÉDENTE, MARINETTE, ARGENTINE

MARINETTE

Vous voyez la véritable Argentine.

M. JÉRÔME, *à part.*

La carogne de servante !

MME CANDI

Qu'est-ce que ça veut dire, mon frère ? Expliquez-nous, s'il vous plaît, cette énigme.

ARLEQUIN

Il n'y a point d'énigme là dedans, madame. Je suis un honnête garçon nommé Arlequin, à qui M. Jérôme a proposé quelques lingots pour faire le personnage d'Argentine, et dégoûter tous les amants qui viendraient la demander en mariage.

M. JÉRÔME, *à part.*

Le traître !

MME CANDI

Qu'entends-je !

ARLEQUIN

Après quoi, il voulait pieusement la mettre dans un couvent, et rafler...

M. JÉRÔME, *se ruant sur Arlequin.*

Fripon ! Il faut que je t'étrangle… !

ARLEQUIN

À l'aide ! Au guet ! Au guet !

Clitandre et Mme Candi l'arrachent des mains de M. Jérôme.

MME CANDI, *à son frère.*

C'est plutôt vous qui êtes le fripon. Allez vous cacher, misérable !

M. JÉRÔME

Vous êtes une vieille extravagante !

MME CANDI, *voulant se jeter sur M. Jérôme.*

Une vieille ! Ah, scélérat !

CLITANDRE, *la retenant.*

Eh ! Madame…

MME CANDI

Laissez-moi, je vous prie, mettre en pièces ce membre pourri de la famille… Une vieille !

M. Jérôme s'enfuit.

SCÈNE XXXII

MME CANDI, CLITANDRE, ARGENTINE,
ARLEQUIN, MARINETTE

ARGENTINE, *courant embrasser
Mme Candi.*

Ma chère tante ! Qu'allais-je devenir si le ciel, par votre moyen, n'eût fait échouer le projet d'un oncle barbare ?

MME CANDI

Ah, ma nièce, bannissons-le de notre mémoire ! Livrons-nous à la joie de nous voir.

ARGENTINE

Je vais retrouver en vous la mère que j'ai perdue.

MME CANDI

Et vous, ma fille, vous trouverez, je crois, dans ce cavalier un mari digne de votre tendresse.

CLITANDRE

Aimable Argentine, ne vous révoltez-vous pas contre le dessein d'une tante trop prévenue en ma faveur ?

ARGENTINE

Monsieur, je suis prête à lui obéir.

MME CANDI

Que toute la famille s'assemble et se réjouisse de l'heureuse arrivée d'Argentine.

CLITANDRE, *à Arlequin.*

Ah, mon cher Arlequin, que je t'ai d'obligation ! Je me souviendrai toute ma vie de ce que tu as fait pour moi.

ARLEQUIN, *d'un air froid.*

Je dirai cela à mon boulanger.

CLITANDRE

Je t'entends. Va, mon ami, il y a pour toi mille pistoles.

ARLEQUIN, *montrant Marinette.*

Je les partage aussitôt avec cette belle nymphe potagère, qui trouvera en moi de quoi réparer la perte qu'elle fait en M. Jérôme.

SCÈNE XXXIII ET DERNIÈRE

LES ACTEURS
DE LA SCÈNE PRÉCÉDENTE,
TROUPE DE MASQUES

Les Masques font une marche. Après quoi, les acteurs récitent les couplets suivants:

VAUDEVILLE

Premier couplet

MME CANDI

Garçons, qui craignez que l'histoire
Ne vous mette au rang des coucous[1]
Logez-vous à la Tête-noire
Il ira peu d'amants chez vous.

CHŒUR

Logez-vous, etc.

Second couplet

CLITANDRE

Financiers, chasseurs de pucelles,
Vous n'avez qu'à donner du cor ;
On fait venir les plus cruelles,
Quand on loge à la Tête-d'or.

CHŒUR

On fait venir, etc.

Troisième couplet

MARINETTE

Il faut qu'au vin l'on se retranche
Dès qu'on sent venir les vieux jours ;
Amants, jamais la Tête-blanche
Ne fut l'enseigne des amours.

CHŒUR

Amants, jamais, etc.

Quatrième couplet

ARLEQUIN, *aux spectateurs.*

Messieurs, donnez-nous la victoire ;
Que votre esprit soit indulgent ;
Faites-nous, pendant cette Foire,
Loger à la Tête-d'argent.

CHŒUR

Faites-nous, pendant cette Foire,
Loger à la Tête-d'argent.

FIN DE LA TÊTE-NOIRE

DOSSIER

BIOGRAPHIES

ALAIN-RENÉ LESAGE

La carrière d'écrivain de Lesage a tout entière découlé de deux dates et d'une décision.

La décision est celle qu'il a prise, très tôt, de vivre de sa plume : ne plus dépendre des aléas de la tutelle d'un « bienfaiteur » ; être libre de créer, sans être plus longtemps débiteur de qui que ce soit. Revendication d'émancipation bien en phase avec le XVIII° siècle naissant, que Lesage est un des premiers à mettre en pratique et qui va, on le sait, aboutir, avec Beaumarchais à la fin du siècle, à l'institution du droit d'auteur, seul garant de la liberté d'expression de l'écrivain. Mais, au moment où naît Lesage, on n'en est pas encore là. En ce début de siècle, pour un écrivain d'origine modeste comme lui et qui se veut indépendant, il n'y a qu'une alternative, un choix entre deux nécessités : soit de subsister au moyen d'un ou de plusieurs emplois alimentaires, soit de produire sans cesse de nouveaux écrits, en ayant soin de gérer sa production avec intelligence. Ainsi fera Lesage, romancier et dramaturge. Qu'il s'agisse de son chef-d'œuvre, *Gil Blas de Santillane*, ou de ses « livraisons » théâtrales, régulières et nombreuses, aux Foires parisiennes, on constate que créations et éditions s'échelonnent sur trente ans — le cœur de son existence —, entre 1707 et 1737 : renouvelant l'intérêt du lecteur, *Gil Blas* paraît en trois temps, de dix ans en dix ans échelonnés entre 1715 et 1735 ; l'édition des dix volumes du *Théâtre de la Foire* court, elle, de 1721 à 1737.

Les deux dates sont celles des années 1707 et 1709.

1707 est l'année de la double reconnaissance qui va inscrire durablement Lesage dans le paysage littéraire de son temps : celle qui révèle le romancier, avec la parution et l'accueil magnifique de son *Diable boiteux* ; celle qui consacre le dramaturge, avec les représentations, couronnées d'un immense succès à la Comédie-Française, de sa pièce en un acte, *Crispin, rival de son maître*. Reconnaissance décisive, parce qu'elle déclenche en lui les mécanismes de création des œuvres à venir, celles qui assureront sa gloire : *Gil Blas*, côté roman, *Turcaret*, côté scène.

1709 est l'autre année charnière, celle de la création, justement, de *Turcaret* avec les Comédiens-Français... lesquels, sous les fortes pressions du « lobby » de la finance, décident le retrait de la pièce au bout de sept représentations. Une expérience douloureuse, dont Lesage se souviendra : à une exception près — en 1732, *La Tontine*, mais composée depuis longtemps : il avait tenté en vain de la faire jouer au Français dès 1707 —, il n'écrira plus pour la Comédie-Française. Trois ans plus tard, il donne ses premières pièces à la Foire Saint-Laurent, début d'une collaboration qui durera plus d'un quart de siècle, et qui produira plus de cent pièces, écrites seul ou avec la complicité de Fuzelier et d'Orneval. La Foire au lieu de la Comédie-Française : compte tenu de la pauvreté relative de Lesage et de la mauvaise réputation de la Foire, le choix était courageux, et financièrement risqué. *A posteriori*, cependant, on peut penser que la « crise » de *Turcaret* a été bénéfique à Lesage, le libérant de toute contrainte. Il suffit de jeter un regard sur la part la plus célèbre de son œuvre romanesque : *Le Diable boiteux* offrait déjà un récit alerte, construit en tableaux successifs, autonomes les uns par rapport aux autres, reliés seulement par la présence, dans chacun d'eux, d'un Diable sautillant, rebondissant d'une histoire à l'autre en même temps qu'il changeait de toit : intrigues simples, vivacité des actions, satire des mœurs de l'époque. *Gil Blas de Santillane* a beau être plus volumineux, sa structure de roman picaresque et ses thématiques présentent les mêmes caractéristiques : récits à tiroirs, personnages éphémères, types humains rapidement brossés mais traités avec un réalisme aigu ; alacrité du ton ; brièveté, bigarrure, liberté de la construction. Tout ce que réclame la Foire. À la Foire, Lesage est chez lui. La critique a longtemps considéré sa production foraine comme une part mineure de son œuvre. À tort : les pièces qu'il ne va cesser d'y livrer pendant un quart de siècle apparaissent, mises bout à bout, comme la transposition scénique de tous les éléments constitutifs de son univers romanesque, et l'expression la plus complète de son art poétique.

Années décisives, mais qui surviennent tard : quand il donne sa première pièce à la Foire Saint-Laurent, Lesage a quarante-quatre ans, et quarante-sept quand paraît la première partie de *Gil Blas*. Pour l'époque, c'est un âge avancé.

Il est né, en effet, en 1668 — le 8 mai —, dans le Morbihan, à Sarzeau, près de Vannes. Il a neuf ans à la mort de sa mère, quatorze à celle de son père. Celui-ci, notaire royal et greffier, lui laisse quelques biens que son oncle tuteur se chargera de dilapider. Adolescent, il fait ses études au Collège de Vannes, chez les jésuites, puis les poursuit par des études de droit. Avocat, il semble qu'il ne plaidera jamais. On perd sa trace entre 1690 et 1694, sans renseignement sûr concernant l'origine de ses ressources. En 1694, il est à Paris où il épouse la fille d'un bourgeois parisien. L'année suivante naît son premier fils, René-André, qui deviendra plus tard un comédien célèbre, Montménil, qui entrera à la Comédie-Française en 1728, et qu'il aura la douleur de perdre en 1743[1].

1695, avec la parution des *Lettres galantes d'Aristénète*, traduites du grec, marque aussi son entrée, encore discrète, dans le monde littéraire. Au cours des années qui suivent, Lesage — on ignore les circonstances et la date exacte de la rencontre — fait la connaissance de l'abbé de Lionne. Ce dernier le prend sous sa protection. Il lui versera jusqu'en 1721, date de sa mort, une pension annuelle de six cents livres, somme insuffisante pour vivre, mais bien appréciable. Surtout, il semble que l'abbé de Lionne, homme cultivé, ait fait découvrir à Lesage la langue et la littérature espagnoles et, partant, ce qui allait devenir le ressort premier de sa veine littéraire : à partir de l'année 1700, se succèdent traductions, imitations ou adaptations, surtout théâtrales (Francisco de Rojas, Calderòn), mais aussi romanesques (Cervantès). Un univers qui va faire sa célébrité et auquel il restera fidèle toute sa vie : *Le Diable boiteux* est encore inspiré d'un roman espagnol (*Duablo Cojuelo* de Luis Vélez de Guevara) ; *Gil Blas de Santillane*,

---

1. Il aura trois autres enfants, une fille et deux garçons : l'un deviendra comédien sous le nom de Pittenec, l'autre chanoine : c'est chez ce dernier que Lesage se retirera avec sa femme et sa fille, à Boulogne-sur-Mer, après la mort de René-André ; c'est là qu'il mourra le 17 novembre 1747, à l'âge de soixante-dix-neuf ans.

exempt de tout modèle, conservera titre et couleur locale hispaniques...

On l'a dit plus haut : à partir de 1709, sa vie sera tissée de deux fils apparemment distincts, monde de la Foire et monde du roman, mais qui ne cesseront de s'entrecroiser et de se nourrir mutuellement. Si l'on veut arriver à cerner les éléments constitutifs de l'impulsion profonde de la création littéraire de Lesage, on n'en doit négliger aucun : tous deux sont faits de la même matière.

JACQUES-PHILIPPE D'ORNEVAL

De Jacques-Philippe d'Orneval, on ne sait rien, sinon qu'il est né à Paris (date inconnue) et qu'il y est mort (date incertaine, probablement 1766). Seule certitude : son association avec Lesage, avec qui il cosigne l'édition des dix volumes du *Théâtre de la Foire*, à partir de 1724, et le fait qu'il n'a écrit que pour la Foire, entre 1712 et 1732. Sans la moindre ambition littéraire, sans désir autre que de seconder les entrepreneurs forains dans leurs luttes, en apposant sa signature à côté de celles d'autres auteurs, Lesage surtout mais aussi Fuzelier et, un peu plus tard, Piron, Pannard et quelques autres, sans que l'on sache exactement la part qui, pour chacune des pièces, lui revient personnellement : Victor Barberet[1], au XIXe siècle, le cantonne dans le rôle de parolier ; les recherches les plus récentes lui attribuent une influence plus importante[2]. On sait qu'il n'a presque

---

1. V. Barberet, *Lesage et le Théâtre de la Foire*, Nancy, Paul Sordoillet, 1887.
2. Jeanne-Marie Hostiou, Notice de *L'Ombre de la Foire*, n. 4, p. 222, in *Théâtre de la Foire*, Françoise Rubellin, *Anthologie de pièces inédites*

rien écrit seul. Les frères Parfaict[1] lui attribuent sept pièces, mais sans certitude réelle : ainsi d'*Arlequin roi des Ogres*. En revanche, il est constamment présent, et d'une inspiration généreuse : Jeanne-Marie Hostiou évalue sa participation à quatre-vingt-onze pièces, dont plus de quatre-vingts en collaboration avec Lesage. Et elle rappelle qu'il est « associé à cinquante-cinq des pièces du *Théâtre de la Foire* » qu'il a édité avec lui, soit nettement plus que la moitié de celles figurant dans les dix volumes. Une personnalité modeste donc, s'effaçant, mettant ses pas dans ceux de Lesage, mais centrale, efficace et prolixe.

LOUIS FUZELIER

Quant à Louis Fuzelier (1674-1752), son importance exacte dans l'histoire de la Foire est actuellement en cours de réévaluation, grâce aux travaux de David Trott[2], qu'approfondissent aujourd'hui ceux de Françoise Rubellin et de son équipe. De sa vie, on n'en sait pas beaucoup plus que de celle de d'Orneval. Mais si la production de d'Orneval ne sort jamais, pendant toute sa vie, du périmètre des Foires, l'œuvre de Fuzelier, elle, touche à l'ubiquité. Par sa fécondité et sa variété, elle le place en tête de tous les auteurs

---

1712-1736, sous la direction de Françoise Rubellin, Montpellier, Éditions Espaces 34, 2005.

1. Claude et François Parfaict, *Mémoires pour servir à l'Histoire des spectacles de la Foire, par un acteur forain*, Paris, Briasson, 1743 (consultable sur le site : http://cesar.org.uk).

2. Voir notamment : « Louis Fuzelier et le théâtre, vers un état présent », *Revue d'Histoire littéraire de la France*, 1983, vol. 83, n° 4, pp. 604-617 ; « Pour une histoire des spectacles non officiels : Louis Fuzelier et le théâtre à Paris en 1725-1726 », *Revue d'Histoire du théâtre*, 1984, n° 3, pp. 255-275.

du XVIIIe siècle. Cinquante ans de production théâtrale : en quarante-trois ans — entre 1701 et 1744 — plus de cent cinquante pièces livrées à la Foire[1], ce qui, en nombre et sur la durée, la situe nettement à la première place, loin devant Lesage ; dans le même temps, il donne des pièces aux Italiens, des tragédies et des divertissements à la Comédie-Française qui le met au nombre de ses auteurs attitrés. Surtout — c'est ce qui, du moins, fera sa renommée jusqu'à nos jours —, il est, pendant plus de trente ans, et quasiment jusqu'à sa mort, le principal librettiste d'opéras et de ballets de son temps : il écrit, entre autres, pour Campra, Mouret, Rameau : *Les Indes galantes* est son livret demeuré le plus célèbre.

Concernant ses productions pour la Foire, les historiens du XIXe siècle ont longtemps relégué Fuzelier à un rang inférieur à celui de Lesage, confondant l'ensemble du répertoire avec le choix éditorial fragmentaire et autopromotionnel qu'en ont fait Lesage et d'Orneval. Ils lui ont cependant, d'emblée, reconnu son talent inégalé pour la parodie, élément identitaire, ressort essentiel des spectacles forains, clé de la permanence de leur succès (et de la rage de leurs adversaires). Ainsi, pour la seule *Matrone d'Éphèse*, Laure Thomsen et Françoise Rubellin repèrent pas moins de six opéras de Lully ainsi parodiés[2]. Le goût de Fuzelier pour le « À la manière de... » le pousse jusqu'à se parodier lui-même : constatant, en 1714, que son opéra, *Arion*, « languissait alors sur le théâtre

---

1. Il ouvre la Foire Saint-Laurent de 1701 avec une pièce en trois actes, *Thésée ou la Défaite des Amazones* : « Ce coup d'essai de M. Fuzelier, qui depuis nous a donné tant de pièces, attira tout Paris chez M. Bertrand » (Claude et François, *Mémoires pour servir à l'histoire des spectacles de la Foire, par un acteur forain*, Paris, Briasson, 1743, t. 1, p. 26).
2. Françoise Rubellin, *op. cit.*, p. 86.

de l'Académie Royale de Musique », il en propose la parodie à la Foire, avec le Prologue de *La Coupe enchantée*... et voit ce dernier censuré pour préserver l'avenir de son opéra[1] !

L'ensemble des scènes parisiennes devait sans doute paraître un espace encore trop étroit à sa veine railleuse et à son ironie acérée — qualités qui lui vaudront en 1731 un séjour à la prison du Petit-Châtelet : à côté de son immense activité d'auteur / parolier / librettiste / entrepreneur de spectacles, Fuzelier a également été journaliste. Aux côtés de Charles Dufresny — le dramaturge proche de Regnard —, puis d'Antoine de la Roque, on le trouve, entre 1721 et 1724, puis de nouveau entre 1744 et 1752, rédacteur au *Mercure de France*, anciennement *Mercure galant*, dont il obtient le Privilège royal. Il y fait fonction, entre autres rubriques, de critique d'art dramatique, en connaisseur averti, à l'écoute des aspects techniques et concrets de la scène.

Une vie, donc, qui s'est confondue avec ses incessantes activités théâtrales et littéraires, sans jamais le moindre souci d'argent — sa participation au *Mercure*, notamment, lui permettant de percevoir des revenus et une rente confortable —, sans besoin de protecteurs : il en eut, cependant, et de haut placés (Conti, Condé, le cardinal Fleury...) auxquels il s'est adressé au moins une fois, depuis sa prison du Petit-Châtelet.

---

1. Françoise Rubellin, *Ibid.*

NOTICE SUR LES PIÈCES

SOURCES

Les œuvres contenues dans ce volume trouvent leur source dans l'édition originale des dix volumes du *Théâtre de la Foire* de Lesage et d'Orneval. Jouées entre 1720 et 1721, elles figurent toutes dans le tome IV, paru en 1724, de cette édition qui précise, sans davantage de détails : « Les pièces de ce quatrième tome sont de la composition de Messieurs Lesage, Fuzelier et d'Orneval. »

1720, ANNÉE DE TRANSITION

Arlequin roi des Ogres, ou Les Bottes de sept lieues

Pièce écrite par d'Orneval ? Oui, si l'on en croit la première édition des frères Parfaict[1]. Selon Fuzelier[2], il en a, en tout cas, proposé l'idée. Les frères Par-

---

1. Claude et François Parfaict, *Mémoires pour servir à l'histoire des spectacles de la Foire, par un acteur forain*, Paris, Briasson, 1743 (consultable sur le site : http://cesar.org.uk), t. I, p. 220.
2. Fuzelier, *État des pièces jouées aux Foires Saint-Germain et*

faict, dans leur *Dictionnaire des théâtres*[1], accolent au nom de d'Orneval celui de Lesage, et finissent par y adjoindre celui de Fuzelier... Il est sans doute juste, aujourd'hui, d'attribuer aux trois auteurs la paternité de la pièce, sans que l'on sache précisément — comme souvent pour les œuvres de la Foire à auteurs multiples — quelle part exacte chacun a joué dans son écriture. Et sans jamais oublier que la version imprimée ne propose qu'une forme provisoire, qui ne peut tenir compte des variations et ajouts multiples nés de l'invention, pendant le jeu, des comédiens forains.

Dans l'histoire mouvementée de la Foire, l'année 1720 est une année de transition. Depuis la fin de la Foire Saint-Laurent de 1718, les Foires sont en berne : tous les spectacles ont été « totalement supprimés par ordre de la Cour ». Suppression qui « subsista pendant tout le cours de l'année 1719. En 1720, les troupes foraines firent quelques tentatives, et jouèrent par tolérance, sans oser mêler des chants à leurs jeux[2] ». Tentatives timides, en effet, puisque deux troupes seulement se hasardent à jouer cette année-là, à la Foire Saint-Germain — les deux troupes rivales de Lalauze et de Francisque —, et une seule (celle de Francisque) à celle de Saint-Laurent.

Francisque ouvre la Foire Saint-Germain le 3 février avec, de Lesage et d'Orneval, *L'Île du Gougou*, précédée de *L'Ombre de la Foire* (voir l'anthologie de Françoise Rubellin, citée dans la Bibliographie). Puis il enchaîne avec *Arlequin roi des Ogres* et *La*

Saint-Laurent depuis l'année 1710 (manuscrit Bibliothèque de l'Opéra, Archives, Théâtres, Paris).

1. Claude et François Parfaict et Quentin Godin d'Abguerbe, *Dictionnaire des théâtres de Paris*, Paris, Rozet, 1767-1770.
2. Claude et François Parfaict : *Mémoires pour servir à l'histoire, etc.*, *op. cit.*, t. I, p. 219.

Queue de vérité, deux pièces en un acte, *Le Diable d'Argent* servant de prologue, toutes « pièces en prose mêlées de jargon[1] ».

L'intrigue de la pièce fournit un bel exemple de ce mélange des genres qu'affectionnent les auteurs de la Foire, entre références directes à l'actualité et mondes romanesques : tempêtes, naufrages et survivants solitaires sur une île inconnue peuplent les récits, les pièces et les romans de l'époque, brassant tout à la fois angoisses, soifs de découvertes, et constructions d'Utopies. Sur le mode burlesque, *Arlequin roi des Ogres* s'inscrit naturellement dans l'élaboration de cet exotisme imaginaire, qui n'en est qu'à ses débuts... On y trouve déjà tous les stéréotypes à venir : le langage et les mœurs, incompréhensibles et redoutés, prêtés aux « sauvages », le cannibalisme, les sacrifices humains, et jusqu'à la marmite, objet de tant de futures estampes ; une dimension romanesque, à laquelle vient s'ajouter ici, dans le double titre même de la pièce, une filiation directe avec le conte de Perrault, *Le Petit Poucet*, qui réunit à la fois *et* l'Ogre, *et* ses Bottes de sept lieues.

Ce qui n'empêche nullement la pièce de s'ancrer dans un présent très concret, par des allusions aux événements les plus récents, témoin cette référence (scène IV) à la « déportation », ces années-là, en vue de peupler la Louisiane, d'hommes et de femmes issus des « classes dangereuses »... Souci de réalisme que l'on retrouve également dans le choix, très révélateur, du « jargon » des Ogres utilisé dans la pièce : une réplique d'Adario indique (scène XIV) que le « bara-

---

1. Ici, langage déformé et au premier abord incompréhensible, synonyme de charabia, mais renvoyant cependant, par ses sonorités, à une langue et un sens bien précis. Un cousin proche du « gromelot », moyen comique utilisé, jusqu'à nos jours, par les conteurs et les jongleurs (Dario Fo, par exemple).

gouin » qu'Arlequin s'énerve de ne pas comprendre est, en réalité, de la « langue algonkine ». De fait, à l'exception des très fantaisistes « leraguïou » et « leraguïé » du Chœur des Ogres au début de la scène VI et de quelques libertés que s'octroient les trois auteurs, il s'avère que tous les éléments de langage prêtés aux habitants de l'île se réfèrent, de façon parfois approximative mais toujours évidente, à ce parler (algonkin *ou* algonquin), membre des langues agglutinantes pratiquées au XVIIIe siècle par les peuples amérindiens du Québec, Inuits, Montagnais, Cris, etc. Comment, en cette année 1720, les sonorités de l'algonquin ont-elles bien pu parvenir jusque sur la scène de la Foire Saint-Germain ?

La Nouvelle-France est à la mode. Les peuplades du Québec, depuis le XVe siècle, font commerce de fourrures avec les baleiniers et les morutiers européens. Jacques Cartier, pour sa part, a depuis longtemps ramené avec lui des esclaves indiens. Des « Rois mohicans » ont récemment été présentés à la Cour de France. Sans doute aussi, des Indiens ont-ils pu, parmi les « curiosités » dont on raffole alors, être exhibés dans telle ou telle Foire. La rencontre a pu se produire à cette occasion.

Plus vraisemblable : les jésuites, depuis 1632, multiplient les missions, rédigent les *Relations* de leurs voyages. Désir d'altérité et / ou souci d'efficacité évangélique, ils apprennent et pratiquent les langues indigènes. L'un d'eux, Antoine Silvy (1638-1711), va vivre près de quarante ans, et jusqu'à sa mort, au sein des peuplades algonquines : il publie en 1678 un *Dictionnaire Montagnais-Français* (rééd. Presses de l'Université de Québec, 1974). Ce dictionnaire, qui permet d'établir les liens les plus précis avec le langage prêté aux Ogres, a très probablement été consulté par les auteurs de la pièce. Et, sans doute, en premier lieu, par Lesage, dont l'intérêt personnel pour tout ce qui touche à la découverte de nouveaux mondes a laissé d'autres traces : douze ans après *Arlequin roi des Ogres*, il publiera les « Mémoires » d'un colon aux rêves utopiques, Robert de Beauchêne, sous le titre *Les Aventures de monsieur Robert Chevalier, dit de Beauchêne, capitaine de flibustiers dans la Nouvelle-France* (Ganeau, Paris, 1732). Ce Monsieur Robert se retrouvera un moment, au cours de ses aventures, lui aussi à la tête d'une tribu... algonquine.

Sous cet éclairage, l'intrigue de la pièce et les quelques échanges philosophiques qu'elle contient apparaissent sous un jour nouveau : à travers les mésaventures d'un Arlequin embarqué de force pour la Louisiane, puis échoué sur une île proche des côtes du Québec et peuplée d'Amérindiens, c'est toute l'Entreprise coloniale française du début du siècle qui apparaît ainsi — version comique — en filigrane. Et les priorités d'Arlequin, enfin maître de l'île, pour « commencer à (y) établir l'humanité » en annoncent d'autres à venir, plus radicales, au nom de la « Civilisation ».

1721, UNE ANNÉE D'EXCEPTION

Exceptionnelle, l'année 1721 l'est à plusieurs titres : la Foire Saint-Germain est, cette année-là, « véritablement un temps de franchise pour tous les Spectacles Forains[1] », même si le bail / Privilège d'Opéra-comique tarde à être accordé. Il ne le sera qu'au moment de la

---

1. Claude et François Parfaict : *Mémoires pour servir à l'histoire, etc.*, *op. cit.*, t. I, p. 223.

Foire Saint-Laurent, déchaînant les conflits entre les troupes, qui rivalisent pour son obtention. Les prologues témoignent de chaque épisode de cette lutte : le Privilège échoit dans un premier temps à Lalauze (25 juillet) ; le 31, Francisque dénonce cette décision dans *La Fausse Foire*. Retiré à Lalauze, dont les pièces sont des échecs financiers et que désertent plusieurs actrices, le Privilège est alors accordé le 10 août à Francisque pour une durée annoncée de neuf ans. Suite à des pressions de Lalauze, il lui est enlevé huit jours plus tard, le 18 août... puis attribué à nouveau à partir du 22 du même mois. Le 1er septembre, Francisque affiche son triomphe avec *Le Rappel de la Foire à la vie*. Le 16 du même mois, Lalauze réplique avec *La Décadence de l'Opéra-Comique l'Aîné*. Les deux hommes iront jusqu'à l'affrontement physique... Agitations vaines : les Italiens, en embuscade, obtiennent de la Cour une nouvelle interdiction : avec la clôture de la Foire Saint-Laurent, « il fut décidé que dorénavant, il n'y aurait plus à la Foire d'autres Jeux que ceux des Danseurs de Cordes, des Marionnettes, des Curiosités[1]... ».

Prologue de La Forêt de Dodone

Qu'ils figurent ou non dans les dix volumes du *Théâtre de la Foire ou L'Opéra-comique* de Lesage et d'Orneval, les prologues jalonnent toute l'histoire des théâtres de la Foire, et en demeurent, avec les procès-verbaux des commissaires (voir l'ouvrage d'Émile Campardon, cité dans la bibliographie), les sources d'informations les plus vivantes et les plus riches. Ils en sont la fidèle chambre d'écho, bien au-delà de leur

---

1. *Ibid.*

fonction traditionnelle — la *captatio benevolentiae*, destinée à s'attirer la sympathie de l'auditoire.

Allégoriques, métaphoriques ou réalistes, ils renvoient tous directement aux préoccupations immédiates des auteurs et des troupes : ils définissent une esthétique[1] ; ils justifient la composition de leurs « menus », privilégiant la rapidité et la variété des intrigues[2] ; ils affirment leur volonté de nouveauté et d'originalité, se démarquant notamment du répertoire des Comédiens-Italiens, revenus en France en 1716. Surtout, ils offrent à leur public, presque au jour le jour, et jusque dans leurs intitulés, le témoignage de leurs combats contre les Privilèges de leurs rivaux, Comédie-Française et Opéra, et le spectacle de leurs luttes intestines.

Ainsi des années 1718 et suivantes : à la fin de la Foire Saint-Laurent, 1718 (avec *Les Funérailles de la Foire*, représentée au Palais-Royal devant le Régent), « tous les spectacles forains furent totalement supprimés par ordre de la Cour[3] ». Les Italiens récupèrent le terrain, et donnent à l'Hôtel de Bourgogne, en 1719, *La Foire renaissante*. Puis c'est *L'Ombre de la Foire*, prologue / monologue de Lesage et d'Orneval, qui, sur la pointe des pieds, ouvre la Foire Saint-Germain, tout juste tolérée, de 1720.

---

1. Cela dès 1712, avant même la Préface de Lesage à son édition de 1721. Voir *Les Petits-Maîtres*, prologue par écriteaux attribué à Lesage et joué à la Foire Saint-Laurent en 1712, en ouverture à *Arlequin et Mezzetin morts par amour*. Voir l'analyse de Françoise Rubellin *(Re) Lire Lesage*, éd. Christelle Bahier-Porte, Publications de l'Université de Saint-Étienne, 2012, pp. 41-48.
2. Voir les déclarations de Thalie, *Prologue, scène III*, de *La Force de l'Amour* et de *La Foire aux Fées* (1722) : « Une Comédie de trois actes n'est qu'un plat, après tout. Si on trouve ce plat mauvais, serviteur au festin ! [...] Au lieu que des morceaux détachés sont des ragoûts différents, dont l'un peut suppléer l'autre [...]. Il faut de la variété dans les mets pour contenter la diversité des goûts. »
3. Claude et François Parfaict, *Mémoires pour servir à l'histoire*, *op. cit.*, t. I, p. 218.

Présenté en ouverture de la Foire Saint-Germain le 3 février 1721 par la troupe de Francisque, le *Prologue de La Forêt de Dodone* et d'*Arlequin Endymion*, revêt un intérêt historique particulier. Ici, nul besoin de titre, pas de figures allégoriques : « La scène est sur le théâtre. » Et le « théâtre », en ce mois de février 1721, est à la croisée des chemins. L'Avertissement qui figure dans l'édition originale précise : « Quelques personnes de la première distinction s'étant intéressées pour cette troupe, on la laissa jouer ce *Prologue* et les deux pièces qui le suivent en prose, mêlée de vaudevilles. » Situation provisoire, fragile, moment exceptionnel dont témoignent les trois spectateurs sur le point d'entrer dans la salle. Le choix du lieu semble annoncer une Parade faite pour appâter le public. Mais ici le souci d'informer, de faire le point, prend le pas sur le désir de séduire : peu de prologues en apprennent autant que celui-là, de manière aussi concentrée, sur l'histoire de la Foire.

Trois spectateurs, donc, trois échantillons de cette Noblesse garante des succès, socle du public que s'arrachent alors les Forains, les Italiens, l'Opéra et la Comédie-Française. On peut rire d'elle, on ne peut se l'aliéner.

Les goûts, les choix de ces trois-là sont inscrits dans leur identité. Le nom dont est affublée la Comtesse (« du Vieux-Château »), le fait qu'elle soit jouée par Mezzetin, son entrée en scène, pleine de morgue aristocratique : tout fait d'elle, d'emblée, un personnage un peu dépassé, vieux jeu. Entichée de vaudevilles — elle en est restée aux formes autorisées lors de la Foire de 1718 —, elle craint toute nouveauté. Le Marquis, lui, — seul des trois nobles à échapper à un sobriquet dévalorisant —, revendique pour les Forains le « droit aux dialogues ». Il mise sur l'avenir de la prose, confiant en ses auteurs — un plaidoyer *pro domo* ne peut pas faire de mal... Quant au Chevalier de la Polissonnière[1], dont nom et comportement ne font qu'un, il ne jure que par les écriteaux, expédients ludiques, certes, mais rudimentaires, auxquels les Forains n'avaient recours que pour contourner les interdits, formes que Lesage et ses acolytes jugent sans doute alors archaïques : ces années-là, ils ont pour la Foire des visées littéraires plus ambitieuses.

Dès l'entrée du Marquis, chaque réplique, pour ainsi dire, porte en elle un renseignement, une opinion et, souvent, une « saillie » : sur l'importance particulière que revêt, après la mise en sommeil totale ou partielle des Foires des années précédentes, la réouverture de la Foire Saint-Germain de 1721 ; sur la durée limitée (*soupirs de la Comtesse*) des Foires en général, et les poursuites et interdictions incessantes dont elles sont l'objet ; sur « les autres spectacles », ceux des éternels rivaux, Opéra et Comédie-Française, objets de toutes les railleries.

Plus précieux encore : ce *Prologue* offre un concentré de l'histoire littéraire de la Foire, et des différents chemins qu'elle a eu à emprunter : rappel de ses origines populaires et farcesques — le vaudeville, enfant d'un « air du Pont-Neuf » — ; expression des ambitions avouées de Lesage et de ses complices de recourir à l'usage de la palette plus large, plus raffinée, de la prose, sans qu'on puisse tout à fait décider s'il s'agit là d'un choix esthétique profond ou seulement d'une tentation liée aux opportunités offertes cette année-là, d'un « luxe » à ne pas négliger ; réaf-

---

1. Dans le tout premier prologue attribué à Lesage, *Les Petits-Maîtres* (1712) auquel ce prologue fait écho à bien des égards, Arlequin et le Chevalier étaient déjà les défenseurs de la farce, des « couplets gras » et des « jeux gaillards ». Voir, ci-dessus, p. 229, n. 1.

firmation de l'originalité de leur répertoire et de son entière autonomie par rapport à celui des Italiens, frères rivaux trop semblables — autonomie dont doute fort Arlequin / La Polissonnière... ; définition, enfin, par la voix de Colombine, de la forme nouvelle, provisoirement autorisée, et promise à un bel avenir : un « spectacle mixte », prose entrecoupée de vaudevilles, qui s'appelle déjà opéra-comique, même s'il n'a pas encore le droit d'en porter définitivement le nom. Une forme qui réconcilie Comtesse et Marquis, tandis que La Polissonnière, arc-bouté sur ses goûts régressifs, court applaudir un spectacle de marionnettes[1]... pour resurgir très vite, dans les deux pièces qui suivent, Arlequin à part entière, délesté de sa particule...

Quelques pages, donc, qui font de ce *Prologue* un témoignage précieux sur un moment charnière de l'histoire de la Foire, tout en offrant, en même temps, un vrai moment de théâtre en action, concret, incarné.

La Forêt de Dodone

Le 3 février 1721, la troupe de Francisque — Francisque lui-même étant en Angleterre au moment de la Foire Saint-Germain — présente, à la suite du Prologue et écrites par les mêmes auteurs, *Arlequin Endymion*, « une espèce de parodie de la comédie que les Acteurs-Italiens avaient fait paraître devant le Roi sous le nom de *Diane et Endymion*[2] » et *La Forêt*

---

1 Régressif mais prémonitoire : l'année suivante, suite à l'interdiction faite aux Forains de recourir à tout dialogue et à tout chant, Lesage et ses collègues en seront réduits à confier leurs pièces, pour la Foire Saint-Germain, aux Marionnettes étrangères...
2. Claude et François Parfaict, *Mémoires pour servir à l'histoire*, op. cit., t. I, p. 225.

de Dodone. Deux « pièces en prose mêlée de vaudevilles », donc. En l'absence de Francisque, c'est son frère, Simon Molin, qui endosse, avec succès, le rôle d'Arlequin.

La pièce est d'une construction dramaturgique simple et efficace. Elle offre, de surcroît, une parfaite illustration de l'exploitation des effets de décalage et de collision des espaces, temps et milieux, et de ce mélange des genres qui signe l'esthétique revendiquée par ses auteurs. En l'occurrence, la Foire rencontre une fois encore l'Histoire grecque à la lisière de ses mythes.

La Forêt de Dodone a bien existé. Elle était située à côté du Temple de Zeus, l'un des plus anciens et des plus importants de la Grèce, à Dodone, en Épire. Ses arbres parlaient. Bruissaient, à tout le moins. Bruissements suffisamment flous et ambigus pour permettre aux Prêtres de Zeus d'en proposer l'interprétation : on venait de tout le monde grec consulter l'oracle, avant que celui de Delphes ne vienne lui ravir ultérieurement une grande partie de son prestige. *L'Iliade* y fait allusion à plusieurs reprises ; Ulysse s'y rend, au chant XIV de l'*Odyssée*, pour savoir s'il retrouvera un jour son Ithaque ; le mât d'Argo, le navire qui va emmener Jason et ses compagnons à la conquête de la Toison d'or, est construit dans le bois d'un de ses chênes... Le lieu va garder une grande part de son pouvoir pendant tout l'Empire romain. Il le perdra d'un coup, très tardivement, en 391 après J.-C., date à laquelle l'empereur chrétien Théodose interdit tous les rites païens : on détruit alors définitivement le chêne sacré auquel personne, jusque-là, n'avait osé s'attaquer.

En installant les chênes de Dodone sur la scène de la Foire, Lesage, Fuzelier et d'Orneval leur donnent donc une « deuxième chance ». En ce début du XVIII⁰ siècle, la superstition a perdu bien de son emprise, et la Forêt, de son pouvoir[1]. Les chênes sacrés sont à la retraite, délaissés pour d'autres lieux plus fréquentés, bois de Boulogne ou bois de Vincennes, par exemple... En les rendant témoins et acteurs d'une mini « folle journée », le théâtre va redonner du « sens à leur vie », et leur rendre leur... verdeur.

Dès l'ouverture, le *rabaissement* burlesque est à l'œuvre : transplantés en plein cœur de la Foire, les chênes ont bien gardé leurs pouvoirs (langage et divination) ainsi que leur sens de l'« équivoque prophétique ». Mais avec la disparition du respect sacré qui les entourait, la noblesse de leur comportement s'est considérablement délabrée. Désormais, leurs points de vue et leurs réactions les ravalent au rang d'une humanité mesquine et étriquée : ils sont bavards[2], médisants, susceptibles. Leur langage, truffé d'effets comiques, de jeux de mots et de phrases à double sens, renforce l'image de leur décadence.

Pas d'intrigue, à proprement parler. Une succession d'intrigues, plutôt, qui à peine ébauchées sur la scène vont poursuivre ailleurs leur développement, et cèdent aussitôt leur place à la suivante : succession d'instantanés, de situations saisies sur le vif, dans leur

---

1. Diderot et d'Alembert, toujours à l'affût des « faussetés » de toutes les religions, affirmeront en 1755 (article *Dodonéen* de L'*Encyclopédie*) que « quelques-uns des arbres étant creux, les prêtres imposteurs pouvaient s'y cacher et rendre des réponses au peuple superstitieux qui venait les consulter et qui, se tenant toujours par respect éloigné de ces arbres sacrés, n'avait garde de démêler la fourberie ».
2. Ils anticipent ainsi un procédé auquel ce siècle aura plus d'une fois recours pour peindre son temps : faire parler les objets, en toute indiscrétion, mais en se drapant dans la morale. Ainsi des « *Bijoux* », chez Diderot, et d'un fameux *Sopha*, chez Crébillon fils...

brièveté. Sans le moindre temps mort : de lieu déserté depuis très longtemps, la Forêt de Dodone devient subitement celui de tous les rendez-vous, un carrefour d'actions et de rencontres, volontiers improbables. Comme une métaphore de la Foire elle-même. Un espace rêvé, lieu de tous les possibles dont on ne sait s'il est hors du monde ou s'il en est le centre, ville à cour et village à jardin, où peuvent se côtoyer en toute liberté arbres mythologiques, masques de théâtre, paysans et citadins, proposant, par là même, une grande variété d'univers et de langages : théâtre né des tréteaux et de la *Commedia dell'arte* avec Arlequin, et surtout avec Scaramouche, dont les italianismes, outre les ressources comiques qu'ils offrent, rappellent sans cesse les origines[1] ; univers des paysans qui, par leur langage maladroit et leur comportement pataud, n'échappent pas à la tradition méprisante des « paysans de théâtre » ; monde bourgeois enfin, ici représenté par les deux trios (M. Bolus, entre son épouse et sa maîtresse, puis Céphise, entre Damis et M. Rigaudon), variations sur le thème inépuisable de l'infidélité amoureuse, conjugale ou non, ébauches de situations boulevardières promises à un grand avenir — et qui donneront au mot « vaudeville » un sens élargi.

Si l'on ajoute à ce tableau son ancrage réaliste — la référence directe à la banqueroute de Law, dès l'entrée en scène d'Arlequin (scène III) —, il ne manque en fait à cette *Forêt de Dodone* que la dimension parodique pour en faire une illustration complète de la poétique foraine, lieu des possibles illimités, au nom d'une fan-

---

1. Cet Arlequin-là est devenu français au point qu'il ne comprend plus Scaramouche. Recherche d'effets comiques, certes, chez les auteurs. Mais aussi, signe révélateur de l'évolution historique du personnage.

taisie et d'une « folie » revendiquées, et — dans sa volonté de seulement « effleurer les matières » — sans cesse renouvelées.

La Tête-Noire

Foire Saint-Laurent, 1721 : « Ce fut à cette Foire que l'opéra-comique, pour me servir de l'expression d'un Auteur célèbre, sortit du tombeau pour paraître plus brillante que jamais[1]. » Elle ouvre le 25 juillet avec trois pièces de Carolet — un Prologue suivi de *La Fontaine de Jouvence* et de *La Guitare enchantée* —, présentées par la troupe de Lalauze et ses associés (à savoir : la « demoiselle Maillard, son mari, Baxter — fameux Arlequin —, Saurin, Alard et la demoiselle d'Aigremont »), qui viennent, on le sait, d'obtenir le Privilège royal. Le succès n'est pas au rendez-vous, et la troupe ressort immédiatement du placard quelques succès des années précédentes, *L'École des amants*, *Arlequin Mahomet* et *Le Tombeau de Nostradamus*. La nouveauté, le public va la trouver six jours plus tard dans la loge de Francisque. « Cette Troupe ouvrit son Théâtre le jeudi 31 juillet par trois pièces en prose, d'un Acte chacune, et de la composition de Messieurs Lesage, Fuzelier et d'Orneval, *La Fausse Foire*, Prologue, *La Boîte de Pandore* et *La Tête-Noire*, qui eurent un grand succès : on peut ajouter, avec justice[2]. »

« Pièces en prose » : la chose, dans l'histoire de la Foire, est rarissime et, dans le cas présent, le fruit d'une opportunité exceptionnelle. La Comédie-Italienne, dont les recettes sont en berne, vient en

---

1. Claude et François Parfaict, *Mémoires pour servir à l'histoire*, *op. cit.*, t. I, p. 227.
2. Claude et François Parfaict, *ibid.*, t. I, p. 230.

effet tout récemment — le 16 juillet — de décider de suspendre ses représentations à l'Hôtel de Bourgogne, son théâtre attitré, et d'installer ses pénates à la Foire Saint-Laurent. Elle y joue dès le 31 juillet en occupant la loge de Pellerin, au moment précis où le Privilège royal de l'opéra-comique, enlevé à la troupe de Lalauze, n'est donné à aucun autre entrepreneur forain. Les Italiens espèrent donc être les seuls à pouvoir occuper le terrain et récupérer à leur profit le public qui se presse habituellement dans les loges. Une stratégie qui inquiète les Comédiens-Français et détourne leur attention de leur cible traditionnelle, les Forains. Lesage et ses complices profitent sur-le-champ de cette distraction[1]. *La Boîte de Pandore* et *La Tête-Noire* seront représentées tout le temps que durera la Foire Saint-Laurent, sans être ni vraiment autorisées ni vraiment interdites. En revanche, elles ne seront pas reprises ultérieurement et resteront des objets rares dans le panorama général du répertoire de la Foire. Elles seront d'ailleurs traitées comme telles par la critique condescendante du siècle suivant qui les trouvera, sans doute pour de mauvaises raisons, « dignes des théâtres les plus élevés »...

Concernant plus spécifiquement le succès immédiat de *La Tête-Noire*, les frères Parfaict, reprenant la quasi-totalité des informations placées par les auteurs en exergue à la pièce, ajoutent que celle-ci « ne pouvait manquer de réussir, étant composée à l'occasion d'un faux bruit, extrêmement ridicule, qui

---

1. L'événement interroge, au passage, sur l'étonnante réactivité de ceux-ci, sur la rapidité de la composition des deux pièces et, plus généralement, de la plupart des pièces de la Foire : selon toute vraisemblance, *Pandore* et *La Tête-Noire* ont dû être composées en quelques jours, leur « première » ayant lieu le même jour que celle des pièces représentées par les Italiens...

courut alors dans Paris, que dans une certaine Communauté (la populace affectait entre autres celle de Saint-Chaumont, rue et près de la Porte Saint-Denis), il y avait une fille dont le visage ressemblait entièrement à une tête de mort décharnée. On offrait, disait-on, une somme considérable au garçon qui voudrait l'épouser. Il s'en présenta effectivement un bon nombre, assez crédules pour ajouter foi à cette fable, qui voulurent entrer par force dans cette Communauté. On fut même obligé, pour empêcher la violence, de mettre plusieurs jours une garde à cette maison ».

À cet égard, il convient de souligner la réactivité et le pouvoir d'invention des auteurs, capables d'exploiter sur-le-champ un fait d'actualité et de le transfigurer immédiatement en un objet théâtral, à partir d'une intrigue très simple conservant les grandes lignes du fait divers mais construite autour de l'idée, lumineuse, associant tête de mort et masque d'Arlequin. Une idée qui réinstalle ce dernier au cœur du jeu, en roi de la Foire, maître des lazzis et des situations, affirmant, face à chaque nouvelle épreuve, son plaisir d'acteur à rebondir, à jouer et à se jouer des autres.

Sans vaudevilles, sans écriteaux ni jargon, écrite exclusivement en prose, inscrite dans un univers bourgeois, *La Tête-Noire* offre *a priori* l'image d'un classicisme assez peu représentatif des habituelles productions foraines[1]. Arlequin a réintégré sa fonction traditionnelle de valet en quête de travail et au ventre perpétuellement insatisfait ; Marinette est dans son emploi de soubrette, M. Jérôme dans celui du méchant. L'intrigue ferait long feu, si Arlequin ne venait troubler le jeu et mettre en péril le plan

---

1. Aspect qui a probablement séduit la critique du XIXe siècle....

de M. Jérôme, en allant au-delà du rôle qui lui a été assigné.

À partir de cet *au-delà*, en effet, la pièce trouve son rythme, et son originalité. En réalité, tout s'est déjà joué au cours de la transformation d'Arlequin en femme (scène VI). Moment de folie jubilatoire, libératrice, digne d'une séquence des Marx Brothers. Désormais transfiguré, doublement masqué — corps et visage —, Arlequin, dans son plaisir à jouer, ne connaît plus aucune borne. Plus d'interdit ni de décence qui tienne, plus de garde-fou : libéré de toute contrainte sociale, Arlequin ne peut, d'Argentine, que donner l'image d'une « dévergondée ». Et l'utilisation parodique qu'à cet instant il fait de la *Phèdre* de Racine n'est pas placée par hasard : elle signale l'irruption du jeu et la prééminence du théâtre.

Dès lors, et jusqu'à son dénouement, la pièce emprunte au modèle de la « pièce à tiroirs » (voir *Les Fâcheux* de Molière, qui en demeure l'illustration la plus aboutie). Un modèle qui, à partir d'une situation donnée, permet d'en égrener toutes les variations, via le défilé de personnages dont les portraits, successivement brossés, finissent par tracer en pointillé le tableau d'une société, et plus précisément celui de ses hypocrisies. Un modèle parfaitement adapté aux canons d'une Foire avide de rapidité et de variété, et d'une vie faite de rebonds permanents.

Dans *La Tête-Noire*, les auteurs puisent leurs cibles à différentes sources : cible bien établie de la veine comique, l'univers des gens de robe, traditionnellement identifié à celui des vautours, et incarné ici par le Clerc de Procureur ; cibles d'origine étrangère ou « exotique », le Suisse « entre deux vins » et le Gascon vantard, avatar du Matamore espagnol —

voir la référence au *Cid* — ; silhouettes plus inattendues, le Peintre, artiste raté qui anticipe la Bohème du XIXe siècle et, surtout, un nouveau venu sur les planches, le Mitron, représentant très concret[1] des petits métiers de Paris. Quelles que soient leurs origines, cependant, avinés ou hâbleurs, rêveurs ou réalistes, tous ont en commun de donner l'impression d'arriver directement de l'entrée même du théâtre où Mme Candi a couru les recruter, d'être passés sans transition du monde à la scène : une porosité des univers qui n'est pas la moindre originalité de ce théâtre. Ici, la scène est au cœur du monde, et volontiers prête à se laisser envahir par lui.

Tous, prétendants ou non, ont en commun d'être des « coureurs de lingots » : l'argent est le moteur, revendiqué, de tous les personnages de *La Tête-Noire*, à l'exception de Mme Candi. C'est la valeur repère en pleine expansion (« décomplexée », dirions-nous aujourd'hui), celle qui dévalorise toutes les autres, abolit toute morale, pervertit le sentiment amoureux. Celle des agioteurs, des affairistes, qui est en train de contaminer toute la société. Un monde où l'on retrouve, en mode mineur, celui de *Turcaret*. Et qui annonce la « pantomime des gueux » du *Neveu de Rameau* et, au siècle suivant, l'« Enrichissez-vous ! » de Guizot.

Reste l'essentiel : satire sociale inhérente au théâtre de la Foire, *La Tête-Noire*, véritable « machine à jouer », offre avant tout, avec l'Arlequin qui en est le pivot omniprésent, un cadeau exceptionnel à tout acteur qui l'incarne et, partant, aux spectateurs bénéficiaires de son savoir-faire. Exceptionnel, y compris au regard de l'ensemble des innombrables avatars

---

1. Volonté réaliste affirmée. Sans cette volonté, on eût sans doute réservé le personnage à un Pierrot naïf et enfariné.

forains du personnage. Peu de pièces permettent ainsi une telle palette de jeu, donnant à voir un Arlequin aussi épanoui. Peu d'entre elles affirment avec une telle force jubilatoire le plaisir du jeu pour le jeu[1] et, à travers lui, le triomphe du théâtre.

---

1. Il faut sans doute, pour retrouver une telle affirmation, aller chercher du côté de Goldoni et de ses *Deux Jumeaux vénitiens* et, davantage encore, de son *Arlequin serviteur de deux maîtres*.

LA MISE EN SCÈNE
DE JEAN-LOUIS BARRAULT
(1986)

Sauf exception, le temps de vie des pièces jouées dans les Foires coïncidait avec le temps que duraient ces dernières. À chaque saison ses nouveaux textes, variété oblige.

Puis, éditées ou non, elles ont très rapidement disparu de l'horizon, du moins de celui des metteurs en scène. La Foire est bien présente, dès le XIXe siècle, dans toutes les histoires du théâtre français ; son importance, son influence font jusqu'à ce jour l'objet d'études universitaires et de colloques : les textes, eux, se sont contentés d'enrichir les fonds des bibliothèques. Jusque tard dans le XXe siècle, aucun metteur scène ne s'est avisé de les y aller chercher. Même un Jacques Copeau ou un Charles Dullin, qu'on imagine faits pour s'enthousiasmer pour l'univers de la Foire, ne l'ont, semble-t-il, pas rencontré. Rien, ultérieurement, ne fera bouger les lignes : ni le regain d'intérêt pour la Commedia dell'arte, à partir de la fin des années 1960, à la suite de la découverte en France des spectacles de Giorgio Strehler, et particulièrement de ses mises en scène successives d'*Arlequin Serviteur de deux Maîtres*, ni le développement du travail du masque initié par la pédagogie d'un Jacques Lecoq, ni la réévaluation, dans le paysage théâtral français, des Farces. Seules sont jouées — rarement — certaines pièces de Lesage : *Crispin rival de son maître*, à la Comédie-Française, *Turcaret*, bien sûr. Des pièces qui, justement, ne font pas partie du répertoire de la Foire...

Et Jean-Louis Barrault ? Le Baptiste des *Enfants du paradis* et du boulevard du Crime ? Quarante ans après le film de Carné, il ignore tout des textes de la Foire. Quand il les découvre, il a soixante-quinze ans. Depuis qu'il a été chassé, fin 1968, de l'Odéon par André Malraux pour y avoir hébergé la contestation étudiante, il a rebondi, rajeunissant chaque fois qu'avec Madeleine Renaud il a été obligé de passer d'un lieu à un autre : Élysée-Montmartre, théâtre Récamier, gare d'Orsay qu'il transforme en théâtre, théâtre du Rond-Point, enfin, depuis 1981. Parallèlement à sa volonté de continuer à défricher le répertoire contemporain, il a renoué avec un théâtre de la fantaisie, du ludique, retrouvant l'âme du saltimbanque qu'il n'a jamais cessé d'être. Son *Rabelais*, en 1968, son *Zadig*, dix ans après, en ont été les manifestations les plus réjouissantes.

Sa saison précédente a été centrée autour de sa mise en scène des *Oiseaux* d'Aristophane. Un spectacle coloré, plein d'invention, poétique et rythmé, combinant théâtre, chants, danses, masques et marionnettistes. Le succès a été au rendez-vous pendant de longs mois. Son *Théâtre de Foire* — en 1986 — va s'inscrire tout naturellement dans cette lignée. Une création qui revêt une importance particulière, puisqu'elle a été choisie pour célébrer le quarantième anniversaire de la Compagnie Renaud-Barrault[1].

1. Barrault prenait plaisir à souligner le fait que leur Compagnie s'étant d'abord installée quarante ans plus tôt au théâtre Marigny, de l'autre côté des Champs-Élysées, « Madeleine » et lui avaient fait 700 000 kilomètres avant de traverser l'avenue...

Comme pour *Les Oiseaux*, Barrault réunit sur le plateau une bonne trentaine de comédiens et de musiciens, la même équipe, à quelques exceptions près. Une équipe qu'on dirait aujourd'hui « transgénérationnelle » : il y a les fidèles, la « vieille garde » (Robert Lombard, Bernard Sancy, Dominique Santarelli, Gérard Lorin...), puis des silhouettes plus jeunes, parmi lesquelles se trouve un débutant plein d'avenir, Vincent Cassel... Il y a aussi le groupe des marionnettistes, riche d'inventivité[1]. Barrault, enfin, veut être de la fête, et se réserve le rôle de Scaramouche.

Le menu est copieux : aux « ragoûts » traditionnels de la Foire, qui proposaient un prologue suivi de deux pièces, Barrault ajoute un mets supplémentaire. Une fois donné le *la* — le *Prologue* —, le spectacle commence avec la farce (*Arlequin roi des Ogres*), se prolonge avec la fantaisie mythologico-sylvestre (*La Forêt de Dodone*), pour s'achever, après un entracte, avec la « comédie d'intérieur » (*La Tête-Noire*).

Décors et costumes — responsabilités esthétiques essentielles pour ce type de théâtre — sont, une fois de plus, confiés à Ghislain Uhry, et la composition musicale, pour le *Prologue*, les vaudevilles de *La Forêt de Dodone* et le finale de la *Tête-Noire*, à André Girard. Ce dernier, d'emblée, décide de ne pas recourir aux airs publiés à la fin de chaque volume de l'édition originale de Lesage et d'Orneval. Il propose des mélodies élégantes, dans le goût du siècle, évocatrices d'airs célèbres de l'époque, du moins de ceux qui sont parvenus jusqu'à nous, de génération en génération : on perçoit ainsi des échos de *Trois jeunes tambours*, de *Malbrouck s'en va-t-en guerre*, et d'*Il pleut, il pleut, Bergère*...

---

1. Ce groupe, formé de Babette Masson, Paule Kingleur, Jean-Louis Heckel et Gilles Zaepffel, va se faire connaître la même année en créant sa propre Compagnie, le Nada Théâtre.

Ghislain Uhry, pour sa part, choisit une scénographie simple et efficace, d'un parfait classicisme : à cour et à jardin, deux corps de maison, à angles droits — encadrement *à l'italienne*. Un plateau nu que viendront enrichir les éléments propres à chaque pièce. Un fond évolutif, enfin, qui détermine les lieux où se déroulent les actions, et les lumières qui vont les baigner : cyclo pour les ciels clairs d'*Arlequin roi des Ogres*, fond pastoral plus sombre pour *Dodone*, et murets de jardin fleuris pour *La Tête-Noire*, écho lointain du célèbre décor de Christian Bérard pour *L'École des femmes*, dans la mise en scène de Louis Jouvet. Une sobriété qui contraste avec la fantaisie des éléments scéniques et des costumes. À chaque pièce, son univers. L'invention est la règle, sans le moindre souci de réalisme.

Le *Prologue* installe l'univers de la Foire dans son siècle — le XVIIIe — et son espace — Paris. Sans davantage de précision historique. Les costumes des Nobles, très riches, et les perruques, surtout celle de la Comtesse[1], renvoient plus au règne de Louis XVI qu'à la période de la Régence. Paris, pour sa part, est évoqué, avec une grande force poétique, par des figurants présents sur le plateau aux côtés de violonistes, et qui portent au-devant d'eux des maquettes, façades de maisons du Marais, enfilades de rues entières...

Pour *Arlequin roi des Ogres*, Ghislain Uhry choisit l'outrance, les effets de grossissement et le mélange des genres que permet la Farce. Il conserve la tradition pour les trois personnages issus de la *Commedia dell'arte* : un Arlequin masqué, dont le costume, finement délavé, dit la lente francisation du personnage ; un Pierrot en cuisinier d'opérette, et tout de

---

1. Rappel : c'est Mezzetin, avatar d'Arlequin, qui, travesti, jouait le rôle en 1721.

blanc vêtu ; un Scaramouche comme il se doit tout en noir, et sans masque, à la française. À ces trois rois de la scène, il oppose un univers « ogrien » entre conte et cauchemar, très loin de toute ressemblance algonquine. À l'exception de Sastaretsi, dont on distingue encore quelques traits humains derrière une barbe et des cheveux très envahissants, les Ogres et les Ogresses semblent directement issus d'un tableau de Jérôme Bosch, créatures réduites à des bustes / visages énormes, hirsutes et ronds, aux dentitions inquiétantes, personnages / pots posés directement sur mollets et pieds, et coiffés, parfois, de casques à pointe. Quant au Pourvoyeur, Uhry en déplace le gigantisme, matérialisé par des bottes autonomes, qui atteignent trois mètres cinquante de hauteur, et que manipulent avec une apparente légèreté deux marionnettistes. Elles deviennent ainsi une « machine à jouer », tour à tour moyen de transport, trône puis refuge amoureux...

Avec *La Forêt de Dodone*, on entre dans l'imagerie pastorale de l'époque, un univers pictural proche des Fêtes champêtres d'un Watteau ou d'un Lancret. Rien, dans les costumes ou les coiffes, ne permet de distinguer les bourgeois des paysans, élégants et propres sur eux : Ghislain Uhry affirme clairement son option de « paysans de théâtre ». Seul décalage comique dans l'esprit de la Foire, le personnage de Mme Bolus joué par Robert Lombard, travesti en matrone. La Forêt, pour sa part, se compose de trois éléments : deux « vieux » arbres, solennels, comédiens figés à l'intérieur d'un tronc d'où n'émerge que leur tête — évidemment chenue — ; un « jeune » chêne, virevoltant, costume verdâtre et bois naissants, en guise d'ailes, dans son dos ; un bosquet en mouvement enfin, moqueur et facétieux, animé en permanence, et à vue, par les quatre marionnettistes.

Pas davantage de souci de réalisme dans *La Tête-Noire* : les costumes soulignent les *emplois*, accentuent l'esprit « bouffe » de la pièce. Les différents prétendants, notamment, sont traités en archétypes, y compris les nouveaux venus de la tradition théâtrale que sont le peintre et le mitron, la palme du burlesque revenant au costume de Mme Candi, énorme robe à panier que porte, avec toute l'autorité d'une maîtresse femme, un Bernard Sancy, affublé de nattes — costume à côté duquel le travestissement d'Arlequin en fille paraît presque naturel...

Dès les premières répétitions, il est clair que si Barrault se trouve en état de découverte[1], ce qui, visiblement, le stimule, il est d'emblée dans son élément. Les répétitions vont vite. Barrault travaille « à l'ancienne » : il indique les entrées, les sorties, l'essentiel des placements. Il « dirige » peu ses comédiens ; il fait confiance. Il les laisse inventer, nourrir le jeu. Ce qu'ils font, magnifiquement. Très vite, on en vient aux *filages*[2], que les comédiens enchaînent, jusqu'à deux ou trois par jour. Barrault n'intervient que sur le *tempo*, qu'il veut *allegro vivace*. Puis, assez tardivement, il rejoint sur scène ses compagnons de

---

1. Barrault a déjà, à plusieurs reprises au cours de sa riche carrière, rencontré le XVIIIe siècle. Il est un mime célèbre. Mais il n'a jamais auparavant abordé l'univers des masques et de la *Commedia dell'arte*. Un épisode des répétitions en témoigne. S'appuyant sur la rumeur à l'origine de la pièce et sur une réplique du Suisse (sc. XV : « ein demoisel avec ein tête de mort »), il fait fabriquer, pour *La Tête-Noire*, un masque d'Arlequin spécial, mortuaire. Un masque glaçant, lugubre, qui bloque le jeu, pourtant endiablé, de Pietro Pizzuti, et interdit tout rire. Barrault s'entête, refuse d'admettre que masque d'Arlequin et « tête de mort » ne font qu'un. Il faudra l'intervention personnelle et in extremis de Madeleine Renaud pour le faire changer d'avis : Pizzuti retrouvera son masque d'origine — et sa liberté de jeu — à trois jours de la première.
2. *Filages* : répétitions qui consistent à enchaîner le spectacle dans son entier, sans interruptions ni reprises.

jeu, dans *Dodone*. Image décalée : ils sont déjà tous en costumes ; il est encore dans ses habits de ville. Un décalage qui perdurera légèrement tout au long des représentations : Barrault donnera le sentiment de ne pas jouer « complètement » son Scaramouche, plutôt de « jouer à le jouer », d'être sur scène avant tout pour partager ce moment avec ses camarades. Ce qui ne sera pas la dimension la moins émouvante de son *Théâtre de Foire*.

La première, le 17 octobre 1986, réunit les amis de longue date et le Tout-Paris théâtral, en présence de François Léotard, depuis peu ministre de la Culture. Les réactions de la presse, les jours suivants, sont chaleureuses, souriantes. Claude-Marie Trémois (*Télérama*) : « Le Prologue est un bijou. Nous sommes au XVIIIe siècle. La ville s'avance vers nous, petites maquettes de maisons portées par des bateleurs, tandis qu'une jeune femme jongle avec un violon [...]. Masques et marionnettes sont de la partie. On chante aussi. Un spectacle bigarré, plein de charme, mais », module-t-elle, « dont on eût aimé qu'il possède de bout en bout le raffinement du *Prologue*. » Armelle Héliot (*Le Quotidien de Paris*) ressent mieux la dimension farcesque du spectacle mais n'échappe pas tout à fait aux idées reçues concernant la Foire : « C'est pour fêter les quarante ans de sa Compagnie que Jean-Louis Barrault a voulu ce spectacle vif et coloré qui célèbre, en même temps que le théâtre, le cirque, les tréteaux qui grincent toujours sous les pieds des maigres baladins, le carnaval, la fête foraine [...]. Spectacle joyeux, donc, vigoureux, spectacle savant et savamment monté selon des principes esthétiques qui sont fidèles au temps de la Foire, mais qui dépassent la simple reconstitution pour nous proposer une vision particulière et forte de ce monde burlesque, farcesque (avec toutes les outrances de la Farce, jusqu'à son insolent mauvais goût parfois) [...] On retrouve l'univers de Barrault : son regard d'enfant de la balle, sa poésie, et jusqu'à ses manies savoureuses. Musiciens, danseurs, marionnettistes, acteurs, tout le monde participe à cette fête qui a les vertus de l'innocence et l'intelligence du vrai savoir. » Gilles Costaz (*Le Matin*) commence par rendre hommage à Pietro Pizzuti, « un Arlequin d'un beau tempérament, au jeu vif-argent », puis s'enthousiasme : « Pour la mise en scène, qui va et vient entre la somptuosité et la splendeur, on ne sait qui féliciter, de Jean-Louis Barrault ou de l'auteur des masques, costumes et décors, Ghislain Uhry. Ce dernier accumule les inventions, les idées insolites, comiques ou fantastiques. Ici, le décorateur écrit véritablement le spectacle. » Guy Dumur (*Le Nouvel Observateur*) définit rapidement l'univers des trois pièces, « intrigues fort minces, répliques rapides, refrains mignonnets, mais aussi images d'un monde rêvé, à l'instar de cette forêt de Dodone, où de vieux chênes parlent ». Puis il ajoute : « C'est un vrai miracle que Jean-Louis Barrault ait réussi, pour nous restituer cette fraîcheur, à s'entourer d'un très imaginatif décorateur, Ghislain Uhry, de bons acteurs — Pietro Pizzuti en Arlequin — qui ne chantent pas trop mal, de mimes, acrobates, marionnettistes, danseurs et musiciens qu'on croirait surgis des enchantements du passé... Dans un coin de la scène, Jean-Louis Barrault, cheveux blancs et costume noir de Scaramouche, intervient peu. On le voit contempler d'un regard ravi son spectacle. » Près de trente ans plus tard, c'est peut-être cette dernière image qui subsiste avec le plus de force dans la mémoire du spectateur.

« Une soirée qui aide à vivre », titrait Guy Dumur. Le public semble avoir partagé cet avis, si l'on en juge par son affluence, du moins jusqu'au début de 1987. Mais un hiver météorologique et social très perturbé — l'accès au théâtre entravé dès le mois de décembre par les manifestations étudiantes (contre la loi Devaquet) autour de l'Assemblée nationale et des Invalides (et donc par d'imposantes forces de police), puis par d'importantes grèves de métro, et enfin par les congères d'un hiver glacial... — finira par décourager bon nombre de spectateurs, et obligera Barrault à interrompre prématurément l'exploitation du spectacle.

Soyons clairs : le *Théâtre de Foire* de Jean-Louis Barrault ne restera pas dans les annales du théâtre comme une de ses créations les plus marquantes, ni pour son originalité ni pour son importance littéraire. Au demeurant, telle n'était pas son ambition. Il s'agissait en priorité de plaire — moteur finalement identique à celui de tous les entrepreneurs forains — et aussi, dans la démarche personnelle de Barrault, de se faire plaisir. Comme un cadeau qu'il s'offrait et offrait à ses comédiens et à ses amis, pour les quarante ans de sa Compagnie. Ainsi envisagé, le spectacle a été une totale réussite : osmose parfaite entre tous les acteurs, issus de disciplines et de formations très variées ; inventivité et richesse des costumes, dimension fidèle en cela également aux spectacles forains qui, rappelons-le une fois encore, *n'étaient pas pauvres* ; tenue parfaite du rythme général. Beauté et gaieté : des objectifs atteints qui, en eux-mêmes, affirmaient les limites de l'entreprise et sa volonté consensuelle. De la Foire, Barrault et ses complices, Ghislain Uhry et André Girard, ont souhaité donner une image élégante, raffinée, y compris dans leur approche de la Farce et du burlesque, qui ne débordait jamais les limites de la bienséance. Pas la moindre trace de subversion, pas de traitement du cadre politique, malgré les références directes contenues dans les textes. Sans inscription réelle dans son temps, ni allusions directes au nôtre, ce *Théâtre de Foire* manifestait peut-être un peu trop de respect vis-à-vis de ce « théâtre de l'irrespect ». Une approche, au bout du compte, assez aristocratique. D'autres choix, d'autres points de vue étaient possibles, moins policés, plus bruts : plus « vulgaires ». Et l'on ne pouvait s'empêcher de penser à ce qu'en eût pu faire, au même moment, un Jérôme Savary, avec son Grand Magic Circus...

Il n'empêche : dans l'itinéraire de Jean-Louis Barrault, ce spectacle prend une couleur bien particulière, affective, émotionnelle. Parce que lié à la construction même de son mythe. La rencontre tardive de Barrault avec l'univers de la Foire crée un étrange phénomène temporel, comme une collusion avec celui du Boulevard du Crime immortalisé par *Les Enfants du paradis*. Ce sont des retrouvailles. C'est, quarante ans après, un retour aux sources, une cure de jouvence. De cela, tout le monde, au théâtre du Rond-Point, est conscient, immédiatement : équipe technique, personnel d'accueil, équipe artistique. Parce que, pour tous les gens qui travaillent en ce lieu, fait étrange mais prégnant, d'une certaine façon Barrault, depuis toujours, c'est Baptiste. Et chacun, alors, a le sentiment d'assister, là, en privilégié, à un moment rare, unique : la rencontre de Baptiste avec Scaramouche. Et plus largement celle de Barrault avec ses ancêtres forains, mimes et saltimbanques. Barrault s'est toujours présenté comme un funambule : imprévisible, aérien, fragile. Et capable, face aux coups du sort, de toujours rebondir. Quand, en 1946, il trouve, avec Madeleine Renaud, refuge chez Simone Volterra au théâtre Marigny, la licence d'exploitation qui leur est accordée stipule déjà : « en forains ». Et entrepreneur forain, il le sera toute sa vie.

Dans un entretien au *Parisien*, paru le jour de la première, le 17 octobre 1986, Barrault, après avoir dressé la liste des différents théâtres où Madeleine Renaud et lui avaient successivement planté leurs décors, dit espérer vivement « ne plus avoir à bouger ». Il corrige : « Ou alors, ce sera pour le cimetière de Passy. En attendant, nous préférons faire la foire ! » On pense à Scapin : « Et moi, qu'on me porte au bout de la table, en attendant que je meure. » Scaramouche sera le dernier rôle de Barrault[1], et *Théâtre de Foire* sa dernière mise en scène.

---

1. On ne peut compter pour un rôle la lecture poétique qu'il partagera quelques mois plus tard avec Madeleine Renaud, *La Vie offerte*, récital qu'ils avaient déjà proposé dix ans auparavant.

BIBLIOGRAPHIE SÉLECTIVE

1. LES TEXTES

LESAGE et D'ORNEVAL, *Le Théâtre de la Foire ou l'Opéra-comique, contenant les meilleures pièces qui ont été représentées aux Foires de Saint-Germain et de Saint-Laurent*, Paris, Ganeau, 1721-1737, dix volumes — les pièces contenues dans notre édition figurent dans le t. IV. Autres éditions : Pissot, 1728, Gandouin, 1731-1737 ; réédition Genève, Slatkine 1968 (consultable intégralement sur le site books.google.fr).

2. ANTHOLOGIES RÉCENTES

Théâtre de Foire au XVIIIe siècle, textes réunis et préfacés par Dominique Lurcel, Paris, Christian Bourgois-10/18, 1983.
Lesage. Théâtre de la Foire, textes réunis par Isabelle et Jean-Louis Vissière, Paris, Éditions Desjonquières, 2000.
Théâtre de la Foire, Anthologie de pièces inédites 1712-1736, sous la direction de Françoise Rubellin, Montpellier, Éditions Espaces 34, 2005.

3. SUR L'HISTOIRE DE LA FOIRE

PARFAICT, Claude et François, *Mémoires pour servir à l'histoire des spectacles de la Foire, par un acteur forain*, Paris, Briasson, 1743 (consultable sur le site : http://cesar.org.uk, voir ci-dessous).

CAMPARDON, Émile, *Les Spectacles de la Foire, théâtres, acteurs, sauteurs, et danseurs de corde, monstres, géants, nains, animaux curieux ou savants, marionnettes, automates, figures de cire et jeux mécaniques des Foires Saint-Germain et Saint-Laurent, des Boulevards et du Palais-Royal depuis 1595 jusqu'à 1791. Documents inédits recueillis aux Archives nationales*, Paris, Berger-Levrault, 1877, deux volumes ; réédition Genève, Slatkine 1967 (voir le site : http://cesar.org.uk).

BARBERET, V., *Lesage et le Théâtre de la Foire*, Nancy, Paul Sordoillet, 1887.

Plus récemment :

ATTINGER, Gustave, *L'Esprit de la Commedia dell'Arte dans le théâtre français*, Paris, Librairie Théâtrale, 1950 ; réédition Genève, Slatkine, 1969.

VÉNARD, Michèle, *La Foire entre en scène*, Paris, Librairie Théâtrale, 1985.

TROTT, David, *Théâtre du XVIIIe siècle : Jeux, Écritures, Regards. Essai sur les spectacles en France de 1700 à 1790*, Montpellier, Éditions Espaces 34, 1999.

Enfin, depuis une quinzaine d'années, les études sur les théâtres de la Foire ont connu un renouvellement complet. On consultera ainsi :

a. Les sites et bases de données, foisonnants d'informations et, à ce jour, irremplaçables, de Barry Russell (1943-2003) et de David Trott (1940-2005), de l'Université de Toronto : Cesar (*Calendrier électronique des spectacles sous l'Ancien Régime et la Révolution*) http://cesar.org.uk et http://foires.net.

b. Les recherches du Centre d'Études des théâtres de la Foire et de la Comédie-Italienne (http://cethefi.org) qu'abrite l'Université de Nantes et que dirige Françoise Rubellin : recherches centrées notamment sur les parodies d'opéras et les vaudevilles (un site entier leur est consacré — www.theaville.org — qui recense plus de deux mille airs de vaudevilles, permettant, en outre, de les écouter...). Par ailleurs, Françoise Rubellin anime un important travail de réédition de pièces souvent méconnues, en dirigeant la collection *Théâtre du XVIIIe* aux Éditions Espaces 34.

NOTES

*En complément de ces notes, on pourra se reporter à la Notice sur les pièces (*supra, *p. 223).*

ARLEQUIN ROI DES OGRES

Page 39.

1. « Circassienne » : habitante de la Circassie, ancienne région du Caucase.

2. « Grivois » : ici dans son sens originel de mercenaire, soldat. Mais — ambivalence ? — le second sens du terme (personne de mœurs libres et volontiers licencieuses) apparaît justement avec le tout début du XVIIIe siècle...

Page 41.

1. « Barbet » : chien à poil frisé qui va à l'eau.

Page 45.

1. « Bénéfice d'inventaire » : option offerte à l'héritier de demander l'inventaire de la succession pour décider d'accepter la succession. Ici : « je n'ai accepté l'héritage que par nécessité »...

2. « Chevalier d'industrie » : l'expression vient de l'univers du picaresque espagnol. Elle signifie : individu qui vit d'expédients, escroc. Ici, la majuscule (Chevalier) insiste sur l'origine noble dont s'affuble Arlequin. Ironie toute voltairienne, qui court dans la phrase suivante (« par prédilection », « d'honnêtes familles »...). Nouvel avatar du personnage d'Arlequin, qui quitte provisoirement son rôle de valet pour celui d'aventurier, attribution directement liée aux scandales financiers qui font l'actualité de ces années-là et plus proche, même si la porosité existe, des silhouettes rencontrées dans *Gil Blas* ou dans *Turcaret* que de celles de l'univers de la *Commedia*. Tout le passage, par ailleurs, fait directement référence à la « déportation » des « vagabonds, mendiants et autres gens sans aveu » qui sont partis, sous la contrainte, entre 1718 et 1721, peupler la Louisiane, sous l'impulsion de Law, propriétaire de la Mississippi Company. La fondation de la ville de la Nouvelle Orléans date de 1718. *Manon Lescaut* n'est pas très loin.

Page 50.

1. « Tambour de basque » : autre nom du tambourin, instrument à percussion d'origine populaire.

Page 51.

1. « Hola, lala, leraguïou ! » : sur le langage employé par les Ogres, voir la notice.

Page 52.

1. « Lazzis » : terme de la *commedia dell'arte*, qui englobe toute la panoplie des effets comiques — physiques et verbaux — auxquels pouvait recourir un comédien, entre improvisation et bagage personnel d'effets placés au bon moment, en fonction des réac-

tions du public. A pris aujourd'hui le sens plus large de plaisanterie : « Épargne-moi tes lazzis ! »

Page 57.

1. « Escogriffe » : « Homme de grande taille et d'allure dégingandée » (Robert, *Dictionnaire culturel en langue française*, Paris, Dictionnaires Le Robert, 2005).
2. « Dépendeur » : ici, chenapan à qui sa taille permet d'atteindre et de voler les saucissons ou andouilles suspendus devant les boutiques des charcutiers.

Page 69.

1. « Quitter » : exempter, affranchir, tenir quitte.

Page 71.

1. « Grivois » : voir *supra*, p. 39, n. 2.

Page 73.

1. « Qu'est-ce que c'est que ses bottes ? » : orthographe de l'édition originale. Il faut entendre : « que veut-il dire par ses bottes ? »

Page 76.

1. « *In utroque jure* » : en droit canon et en droit civil.

Page 77.

1. « Tarare » : « Allons donc ! », « La bonne blague ! », etc.
2. « Circassienne » : voir *supra*, p. 39, n. 1.

Page 79.

1. « Muid » : mesure dont on se sert pour les liquides. Ici, il s'agit d'un muid de vin.

Page 81.

1. « Abatteur de quilles » : se dit d'un homme qui se vante de prouesses amoureuses qu'il n'a pas accomplies. Il y a sans doute ici un double sens, les « quilles » renvoyant aux immenses enjambées du Pourvoyeur.

PROLOGUE DE LA FORÊT DE DODONE

Page 85.

1. « Les deux pièces qui le suivent » : *Arlequin Endymion* et *La Forêt de Dodone*. Seule cette dernière figure dans notre édition.

Page 87.

1. « Jeu » : il s'agit évidemment ici de la salle où se déroule la représentation.

Page 90.

1. « Saillie » : emportement, boutade, échappée. Se dit aussi de certains traits d'esprit brillants et surprenants qui, eux aussi, « réveillent ».

Page 95.

1. « Arlequin plaidant... Paul Griffonet » : deux références successives à l'Ancien Théâtre-Italien (Recueil de Gherardi) ? On trouve en effet un Arlequin plaidant dans *Arlequin Mercure galant*, représenté en 1682, et le personnage de Paul Griffonet dans la pièce *Arlequin Protée*, jouée pour la première fois l'année suivante, en 1683.

Page 98.

1. « Hé, pensez-vous, ma mie, que les personnes de qualité s'amusent à lire une affiche ? » : il peut y avoir là une allusion au fait que la Comtesse est jouée par Mezzetin... qui ne sait pas lire. Et un clin d'œil à Molière, et à sa façon de ridiculiser les « gens de qualité ». Voir Mascarille : « Les gens de qualité savent tout sans avoir jamais rien appris » (*Les Précieuses ridicules*, sc. IX)

2. « Ravauder » : faire une reprise (sur un vêtement, comme sur une scène). C'était le reproche récurrent adressé aux pièces de la Foire, malgré la promesse faite par Lesage et d'Orneval, dans leur Préface, de ne jamais recourir au répertoire du Théâtre-Italien.

Page 99.

1. « Presse » : foule, multitude de personnes qui se pressent. On dit familièrement : « je n'y ferai pas la presse » pour signifier que l'on ne s'y rendra pas.

Page 100.

1. « Serviteur » : entendre « Je suis votre serviteur », que l'on retrouve dans toute la comédie classique au sens de « Merci, très peu pour moi, je me retire, etc. ».

Page 101.

1. « Il se ménage dans une débauche » : il ne s'agit ici que des plaisirs de la table...

LA FORÊT DE DODONE

Page 111.

1. « Vous mériteriez bien que le maître-clerc vînt vous abattre pour servir de Mai à la Bazoche » :

référence à la tradition de la plantation, le 1ᵉʳ mai, d'un jeune arbre, généralement en l'honneur de quelqu'un ; ici, en l'occurrence, de la Bazoche (orthographe moderne : basoche), communauté des clercs de justice.

Page 112.

1. « Croquer le marmot » : expression (de la fin du XVIᵉ siècle) signifiant : attendre longtemps avant d'être reçu.

Page 113.

1. « Scaramouche m'a toujours rendu bon compte tant que nous avons travaillé ensemble dans la rue Quincampoix » : allusion directe à la très récente banqueroute de Law, qui inscrit une fois de plus Arlequin dans son siècle, au registre des Chevaliers d'Industrie.

Page 128.

1. « Cotillon » : danse pratiquée à l'occasion d'une fête, à la fin d'un bal, mêlée de figures, et souvent collective.

LA TÊTE-NOIRE

Page 154.

1. « Ballot » : on dit figurément « c'est votre ballot » pour dire « voilà ce qui vous est propre ». Ici : « c'est l'homme de la situation ».

Page 156.

1. « Rentrer en soi-même » : « Faire réflexion sur soi-même » (*Dictionnaire de l'Académie*, 1694). Voir Corneille : « Rentre en toi-même, Octave, et cesse de te plaindre » (*Cinna*, acte IV, scène II).

Page 163.

1. « Placet » : siège sans dos ni bras.
2. « Tignon » : aujourd'hui chignon.
3. « Commençons par nous faire un tignon en cul de Barbet » : « C'est ce que les dames appellent aujourd'hui se coiffer en bichon » (note de l'édition originale).
4. « Escoffion » : mot masculin (le *s* se prononce). *Dictionnaire de l'Académie*, 1718 : « Coiffure de teste pour des femmes. Il est bas. Il ne se dit guère qu'en burlesque et par mépris. »
5. « Oreille de chien » : « ajustements de mode » (note de l'édition originale, commune à tous les mots mis en italique ci-après).

Page 164.

1. « Tuyaux d'orgue » : évoque la coiffure très haute mise à la mode par la duchesse de Fontanges.
2. « Coquecigrue » : animal imaginaire.
3. « Tout coup vaille » : à tout hasard.
4. « Georges d'Amboise » : « Grosse cloche de Rouen » (note de l'édition originale).

Page 165.

1. « Épouvantail de chènevière » : vieux morceau de linge qu'on met sur un bâton pour faire peur aux oiseaux. On dit aussi cela d'une personne mal habillée ou laide.

Page 167.

1. « Je suis grosse de » : j'ai hâte de.

Page 170.

1. « Tout à l'heure » : tout de suite.
2. « Mais, madame, n'y a-t-il aucun danger à vous

la montrer ? » : cette réplique de Marinette et celles qui suivent font directement allusion aux objets que l'on évite de placer sous les yeux d'une femme enceinte, et tendent à donner de Mme Candi l'image d'une « veuve joyeuse »...

Page 171.

1. « Bégueule » : sotte, impertinente.

Page 173.

1. « Je vous en quitte » : je vous en tiens quitte, je vous en dispense.

2. « Ces vers parodiés de Phèdre et Hippolyte » : voir Racine, *Phèdre*, acte III, scène V :

THÉSÉE

Que vois-je ? Quelle horreur dans ces lieux répandue
Fait fuir devant mes yeux ma famille éperdue ?
[...]
Je n'ai pour tout accueil que des frémissements.
Tout fuit, tout se refuse à mes embrassements.
Et moi-même, éprouvant la terreur que j'inspire,
Je voudrais être encor dans les prisons d'Épire.

Page 175.

1. « Grivois » : voir, *supra*, Arlequin roi des Ogres (p. 39, n. 2).

Page 178.

1. « Tailler une besogne » : donner du travail à quelqu'un, lui donner du « grain à moudre ».

Page 182.

1. « Rabattre sur des clercs » : entendre « vous tromper avec d'autres clercs ».

Page 183.

1. « Je crois que vous feriez mieux de m'épouser sur l'étiquette » : terme de droit ancien, lié à l'écriteau fixé à un sac de procès et portant les noms et qualités des différentes parties. Donc, ici : sans y regarder de trop près, sans examen.

Page 185.

1. « Vous n'avez qu'à me peindre en petit, faire graver et courir mon portrait dans les rues : tout Paris l'achètera » : « Le portrait de la prétendue *Tête de mort* se vendait dans les rues » (note de l'édition originale).

Page 187.

1. « Je vous aime, mon mignard » : on attendrait « mon mignon ». Mais l'allusion au peintre Mignard (1612-1695), célèbre pour ses portraits, est évidente.

Page 188.

1. « Les Furies d'Enfer » : les trois divinités infernales, « vieilles comme le monde », chargées par les dieux — grecs et romains — d'exécuter, en direction des pauvres mortels, leurs vengeances diverses et variées.

2. « C'est mon tour à glisser » : c'est à moi d'agir. Expression utilisée dans des entreprises périlleuses.

Page 189.

1. « Quibus » : populaire pour « être riche ».

2. « Si elle n'avait pas queuque fer qui loche » : expression évoquant, à l'origine, un fer à cheval mal fixé. D'où : quelque chose de louche, qui... « cloche ».

3. « J'ai bien peur de monter en graine » :... de rester célibataire.

Page 190.

1. « Tambour » : celui qui bat le tambour dans une compagnie.

Page 192.

1. « Serrer la botte » : terme d'escrime, signifiant une attaque vigoureuse contre l'adversaire. Mais une note de Lesage, dans l'édition originale, associe cette réplique railleuse à un épisode peu connu du règne de Louis XIV, et dont les mitrons avaient été les victimes, dans les années 1680. Ils étaient alors, en bouts-rimés et en couplets, devenus un temps la risée du Tout-Paris (voir Capefigue *: Louis XIV, son gouvernement et ses relations diplomatiques,* p. 171 sq., Bruxelles, 1838).

2. « Suisse » : nom donné, à partir du XVIIe siècle, à un domestique à qui est confiée la garde de la porte d'une maison. Mais l'accent et l'état d'ébriété du personnage le situent plus sûrement du côté des Suisses mercenaires qui servaient à la Cour de France sous l'Ancien Régime.

Page 196.

1. « Futaille » : tonneau pour le vin.

Page 197.

1. « Tailler des croupières » : provoquer des ennuis à quelqu'un.

Page 198.

1. « La beauté me put » :... me rebute. On dirait aujourd'hui « m'écœure » ou, plus vulgairement, « me saoule ».

Page 199.

1. « Rodrigue, as-tu du cœur ? » : on reconnaît ici la célèbre question de Don Diègue à son fils Don Rodrigue (Corneille, *Le Cid*, acte I, scène VI).

2. « Paraissez, Navarrais, Mores et Castillans » : vers prononcé par Don Rodrigue (*ibid.*, acte V, scène I).

Page 200.

1. « Attendez-le sous l'orme » : équivalent d'un ironique « Comptez sur nous ! ».

Page 203.

1. « *La* triomphe » : atout d'un jeu de cartes du même nom, proche de la belote. Proverbialement, on dit « Voilà de quoi est la triomphe » pour « Voilà de quoi il s'agit, de quoi il est question ».

Page 211.

1. « Au rang des coucous » : au rang des cocus, bien sûr...

RÉSUMÉS

ARLEQUIN ROI DES OGRES

Arlequin, seul survivant d'un naufrage, échoue sur une île. Déserte ? Un chat sauvage fait très vite irruption, poursuivi par des chasseurs. Présentation faite, Arlequin apprend d'eux qu'il se trouve sur l'île d'Ogrélie, dont le roi vient de mourir. Pour pallier tout conflit de succession, les Ogres ont décidé de prendre pour roi le premier étranger qui se présenterait sur l'île. Accueil royal, donc, pour Arlequin. Pour combler son besoin le plus pressant — celui de manger —, les Ogres dépêchent en Europe leur Grand Pourvoyeur, un géant chaussé de bottes de sept lieues. Celui-ci revient sur-le-champ accompagné d'une jeune Française. Devant l'étonnement d'Arlequin, les Ogres révèlent alors leurs goûts culinaires. Il s'ensuit un débat, au cours duquel apparaissent deux conceptions différentes de la notion d'humanité... Arlequin ordonne qu'on renvoie la jeune fille dans son pays, commande une bonne viande, et exige que la cuisine se fasse sous ses yeux. On apporte la marmite. Arlequin comprend alors que le « morceau de roi », c'est lui... Au moment où il va être précipité dans le chaudron, apparaissent, échappés du naufrage, des soldats commandés par l'ami Scaramouche. Renversement de situation : les Ogres demandent grâce. Arlequin hésite, puis pardonne. Il décide d'« établir l'humanité » dans l'île : pour commencer, à chacun sa petite ogresse... Plus prudent, Arlequin envoie le Pourvoyeur lui chercher « quelque jeune beauté asiatique », puis lui ordonne de faire un saut rue de la Huchette (dindons, oies et cochons de lait...), à la Halle au Vin (Bourgogne...)..., en passant par l'Opéra (danseurs et danseuses...). Le Pourvoyeur s'exécute. À son retour, et tandis qu'Arlequin et Scaramouche courent se remplir la panse, tout finit par des danses.

PROLOGUE DE LA FORÊT DE DODONE

Devant l'entrée du théâtre, trois spectateurs, témoins des derniers avatars des spectacles de la Foire, échangent leurs points de vue : la Comtesse de Vieux-Château (Mezzetin) a un faible pour les vaudevilles. Elle craint que les Forains, autorisés de dialogues en cette année 1721, ne soient pas, sur ce terrain, à la hauteur de leurs rivaux du Théâtre-Français ; le Marquis, pour sa part, y trouve un net progrès. Quant au Chevalier (Arlequin), il rêve d'un retour au temps des écriteaux, lorsque les Forains bravaient les interdits en mettant la salle et les rires de leur côté... Colombine vient annoncer les deux pièces qui vont suivre : un « spectacle mixte » (avec vaudevilles et dialogues) : le Chevalier, dépité, préfère « aller aux Marionnettes »...

LA FORÊT DE DODONE

Dans la mythique forêt de Dodone, les chênes sont vexés. Ils se sentent abandonnés. Leurs oracles ne font plus recette : la société leur préfère les bois, plus discrets, de Boulogne et de Vincennes... Mais voici que survient Arlequin, puis Scaramouche. Tous deux fomentent un mauvais coup : dans le village voisin, on prépare une noce. Scaramouche a surpris Colinette, la future mariée, couverte de bijoux par la « dame du village ». Les deux coquins s'en vont complotant l'enlèvement de la jeune fille, à fin de rançon. Suit un rendez-vous galant : M. Bolus, apothicaire de son état, lassé de son épouse, court rejoindre sous les arbres la volage Mlle Suzon. Les chênes, par leurs jeux d'échos, troublent un peu leur tête-à-tête. Moins cependant que Mme Bolus, avertie de la rencontre. La première, elle a recours au jugement des arbres qui, ravis, répondent en cultivant le double sens (« une honnête amphibologie »). Le trio, dépité, sort, et laisse la place à deux bretteurs. Combat de coqs : Damis soupçonne Céphise d'être sensible aux avances de M. Rigaudon. Céphise nie ; Damis s'en remet aux chênes qui, pour une fois, parlent clair. Mais Céphise sait retourner leur discours en sa faveur — ce qui entraîne un commentaire désabusé, à la tonalité assez « Cosi fan tutte », d'un des arbres. À peine sont-ils partis que Scaramouche et Arlequin réapparaissent avec Colinette, parée de ses bijoux. Scaramouche, toujours en manque de femmes, est prêt à se jeter sur la jeune fille. Mais Arlequin a, comme toujours aussi, une autre priorité : boire et manger. Les deux coquins convainquent Colinette que tout cela n'est que « pour rire », l'enferment dans une cabane, et vont un peu plus loin consommer les victuailles qu'Arlequin a dérobées à la noce. Colin, à la recherche de sa fiancée, surgit alors, accompagné de ses amis. L'un d'eux, Guillot, conseille d'interroger les arbres. Colin méprise l'avis, et sort. Retour d'Arlequin et de Scaramouche. Nouvelle irruption de Colin, éperdu. Scaramouche s'enfuit, Arlequin se réfugie au sommet d'un chêne. Mal lui en prend : l'arbre le jette à bas, au milieu des paysans. Guillot, soupçonnant Arlequin, malgré ses dénégations, d'être des ravisseurs, s'adresse aux chênes qui, fiers d'être enfin écoutés, dénoncent ce dernier. D'autres paysans arrivent avec Scaramouche qu'ils ont pris, et Colinette, libérée... avec tous ses bijoux. Tout finit bien, même pour les deux lascars (c'était « pour rire », continue de croire Colinette), et surtout pour les chênes, qui, à nouveau reconnus, ont retrouvé leur raison de vivre... et leur verdeur.

LA TÊTE-NOIRE

Clitandre, son ancien maître, ne pouvant plus l'entretenir, Arlequin se retrouve sans emploi. L'accorte Marinette lui en propose un, bien payé, chez un bourgeois cossu, M. Jérôme, dont elle est la servante. Ce M. Jérôme nourrit de noirs desseins, qu'il confie à Arlequin : il revient de Brest, où il est allé accueillir sa nièce Argentine, fraîchement débarquée des Amériques. Cette nièce est belle, orpheline, et flanquée d'une dot de cent mille livres en lingots. M. Jérôme aimerait bien récupérer cette somme en faisant enfermer Argentine dans un couvent. Mais il doit compter avec sa sœur, Mme Candi, une veuve autoritaire et une marieuse à tous crins, qui a déjà un prétendant à proposer. Pour M. Jérôme, Argentine mariée, ce sont les lingots qui s'envolent en fumée. C'est là que doit intervenir Arlequin : il va se déguiser en Argentine, et sa laideur — son masque, sa « tête noire » — convaincra Mme Candi de renoncer à son idée. Arlequin, mi-vexé mi-appâté — l'idée l'amuse, il y a de l'argent à la clé, et peut-être également les faveurs de Marinette... —, accepte d'entrer dans le jeu. Marinette lui apporte une malle remplie de vêtements féminins. Lazzis d'Arlequin, seul devant sa glace. M. Jérôme, de retour, semble très satisfait du tableau... On annonce Mme Candi et ses enfants. Arlequin se retire. M. Jérôme, l'air lugubre, accueille sa sœur, et lui révèle l'« horrible nouvelle ». Marinette fait entrer Argentine / Arlequin. Cris d'horreur. M. Jérôme jubile. Mais Arlequin en fait trop, joue les jeunes filles modernes, se vante d'une vie amoureuse mouvementée... Mme Candi, scandalisée, abandonne son projet de mariage, mais rejette également, pour une fille aussi délurée, la solution du couvent. Elle propose, pour se débarrasser de ce boulet, de la marier au premier venu, et sort claironner partout à la ronde l'importance de la dot. M. Jérôme, furieux, ne peut que s'incliner. À peine Arlequin a-t-il eu le temps de cacher son visage sous un voile que le défilé des prétendants commence... Vont ainsi tenter successivement leur chance un clerc de procureur « prêt à tout » pour pouvoir s'acheter une charge, un peintre sans le sou, un mitron très accommodant (« la nuit, tous les chats sont gris »), un Suisse « entre deux vins », très entreprenant — il faudra l'aide de Marinette pour en venir à bout —, enfin un Gascon « fatigué des belles » : tous s'enfuiront, épouvantés, au moment où Arlequin « lèvera le voile »... Mme Candi, qui n'a pas renoncé, réapparaît alors, flanquée d'un notaire et du cavalier qu'elle avait initialement choisi pour Argentine. Stupeur d'Arlequin : c'est son ancien maître ! Clitandre a d'abord, comme les autres, un mouvement de fuite devant l'horrible visage. À voix basse, Arlequin lui révèle sa véritable identité : Clitandre change alors de discours et, devant l'auditoire incrédule, se dit prêt à épouser Argentine ; Arlequin minaude et acquiesce, déclenchant ainsi la rage retenue de M. Jérôme. Précédée de Marinette, la véritable Argentine fait enfin son entrée. Confusion, explications : le pot-aux-roses est découvert. Fureur de Mme Candi, fuite de M. Jérôme. Et conclusion doublement heureuse : Clitandre épousera Argentine... et sa dot ; Arlequin y trouvera son compte : un maître enfin riche et reconnaissant, et les faveurs d'une « belle nymphe potagère »... Et tout finit par des danses et un vaudeville.

Préface de Dominique Lurcel	7
Note sur l'édition	35

LE THÉÂTRE DE LA FOIRE, OU L'OPÉRA-COMIQUE

Arlequin roi des Ogres, ou les Bottes de sept lieues	37
Prologue de La Forêt de Dodone	83
La Forêt de Dodone	103
La Tête-Noire	147

DOSSIER

Biographies	215
Notice sur les pièces	223
La mise en scène de Jean-Louis Barrault (1986)	242
Bibliographie sélective	253
Notes	256
Résumés	267

ŒUVRES DE LESAGE

Dans la même collection

TURCARET. *Édition présentée et établie par Pierre Frantz.*

Dans la collection Folio classique

LE DIABLE BOITEUX. *Édition pésentée et établie par Roger Laufer.*
GIL BLAS DE SANTILLANE. *Édition présentée et établie par Étiemble.*

COLLECTION FOLIO THÉÂTRE

1. Pierre CORNEILLE : *Le Cid*. Édition présentée et établie par Jean Serroy.
2. Jules ROMAINS : *Knock*. Édition présentée et établie par Annie Angremy.
3. MOLIÈRE : *L'Avare*. Édition présentée et établie par Jacques Chupeau.
4. Eugène IONESCO : *La Cantatrice chauve*. Édition présentée et établie par Emmanuel Jacquart.
5. Nathalie SARRAUTE : *Le Silence*. Édition présentée et établie par Arnaud Rykner.
6. Albert CAMUS : *Caligula*. Édition présentée et établie par Pierre-Louis Rey.
7. Paul CLAUDEL : *L'Annonce faite à Marie*. Édition présentée et établie par Michel Autrand.
8. William SHAKESPEARE : *Le Roi Lear*. Édition de Gisèle Venet. Traduction nouvelle de Jean-Michel Déprats.
9. MARIVAUX : *Le Jeu de l'amour et du hasard*. Préface de Catherine Naugrette-Christophe. Édition de Jean-Paul Sermain.
10. Pierre CORNEILLE : *Cinna*. Édition présentée et établie par Georges Forestier.
11. Eugène IONESCO : *La Leçon*. Édition présentée et établie par Emmanuel Jacquart.
12. Alfred de MUSSET : *On ne badine pas avec l'amour*. Édition présentée et établie par Simon Jeune.
13. Jean RACINE : *Andromaque*. Préface de Raymond Picard. Édition de Jean-Pierre Collinet.
14. Jean COCTEAU : *Les Parents terribles*. Édition présentée et établie par Jean Touzot.
15. Jean RACINE : *Bérénice*. Édition présentée et établie par Richard Parish.

16. Pierre CORNEILLE : *Horace*. Édition présentée et établie par Jean-Pierre Chauveau.
17. Paul CLAUDEL : *Partage de Midi*. Édition présentée et établie par Gérald Antoine.
18. Albert CAMUS : *Le Malentendu*. Édition présentée et établie par Pierre Louis Rey.
19. William SHAKESPEARE : *Jules César*. Préface et traduction d'Yves Bonnefoy.
20. Victor HUGO : *Hernani*. Édition présentée et établie par Yves Gohin.
21. Ivan TOURGUÉNIEV : *Un mois à la campagne*. Édition de Françoise Flamant. Traduction de Denis Roche.
22. Eugène LABICHE : *Brûlons Voltaire !* précédé de *Un monsieur qui a brûlé une dame, La Dame aux jambes d'azur, L'Amour, un fort volume, prix 3F 50C, La Main leste, Le Cachemire X. B. T.* Édition présentée et établie par Olivier Barrot et Raymond Chirat.
23. Jean RACINE : *Phèdre*. Édition présentée et établie par Christian Delmas et Georges Forestier.
24. Jean RACINE : *Bajazet*. Édition présentée et établie par Christian Delmas.
25. Jean RACINE : *Britannicus*. Édition présentée et établie par Georges Forestier.
26. GOETHE : *Faust*. Préface de Claude David. Traduction nouvelle de Jean Amsler. Notes de Pierre Grappin.
27. William SHAKESPEARE : *Tout est bien qui finit bien*. Édition de Gisèle Venet. Traduction nouvelle de Jean-Michel Déprats et Jean-Pierre Vincent.
28. MOLIÈRE : *Le Misanthrope*. Édition présentée et établie par Jacques Chupeau.
29. BEAUMARCHAIS : *Le Barbier de Séville*. Édition présentée et établie par Françoise Bagot et Michel Kail.

30. BEAUMARCHAIS : *Le Mariage de Figaro*. Édition présentée et établie par Françoise Bagot et Michel Kail.
31. Richard WAGNER : *Tristan et Isolde*. Préface de Pierre Boulez. Traduction nouvelle d'André Miquel. Édition bilingue.
32. Eugène IONESCO : *Les Chaises*. Édition présentée et établie par Michel Lioure.
33. William SHAKESPEARE : *Le Conte d'hiver*. Préface et traduction d'Yves Bonnefoy.
34. Pierre Corneille : *Polyeucte*. Édition présentée et établie par Patrick Dandrey.
35. Jacques AUDIBERTI : *Le mal court*. Édition présentée et établie par Jeanyves Guérin.
36. Pedro CALDERÓN DE LA BARCA : *La vie est un songe*. Traduction nouvelle et notes de Lucien Dupuis. Préface et dossier de Marc Vitse.
37. Victor HUGO : *Ruy Blas*. Édition présentée et établie par Patrick Berthier.
38. MOLIÈRE : *Le Tartuffe*. Édition présentée et établie par Jean Serroy.
39. MARIVAUX : *Les Fausses Confidences*. Édition présentée et établie par Michel Gilot.
40. Hugo von HOFMANNSTHAL : *Le Chevalier à la rose*. Édition de Jacques Le Rider. Traduction de Jacqueline Verdeaux.
41. Paul CLAUDEL : *Le Soulier de satin*. Édition présentée et établie par Michel Autrand.
42. Eugène IONESCO : *Le Roi se meurt*. Édition présentée et établie par Gilles Ernst.
43. William SHAKESPEARE : *La Tempête*. Préface et traduction nouvelle d'Yves Bonnefoy. Édition bilingue.
44. William SHAKESPEARE : *Richard II*. Édition de Margaret Jones-Davies. Traduction nouvelle de Jean-Michel Déprats. Édition bilingue.

45. MOLIÈRE : *Les Précieuses ridicules*. Édition présentée et établie par Jacques Chupeau.
46. MARIVAUX : *Le Triomphe de l'amour*. Édition présentée et établie par Henri Coulet.
47. MOLIÈRE : *Dom Juan*. Édition présentée et établie par Georges Couton.
48. MOLIÈRE : *Le Bourgeois gentilhomme*. Édition présentée et établie par Jean Serroy.
49. Luigi PIRANDELLO : *Henri IV*. Édition de Robert Abirached. Traduction de Michel Arnaud.
50. Jean COCTEAU : *Bacchus*. Édition présentée et établie par Jean Touzot.
51. John FORD : *Dommage que ce soit une putain*. Édition de Gisèle Venet. Traduction nouvelle de Jean-Michel Déprats.
52. Albert CAMUS : *L'État de siège*. Édition présentée et établie par Pierre-Louis Rey.
53. Eugène IONESCO : *Rhinocéros*. Édition présentée et établie par Emmanuel Jacquart.
54. Jean RACINE : *Iphigénie*. Édition présentée et établie par Georges Forestier.
55. Jean GENET : *Les Bonnes*. Édition présentée et établie par Michel Corvin.
56. Jean RACINE : *Mithridate*. Édition présentée et établie par Georges Forestier.
57. Jean RACINE : *Athalie*. Édition présentée et établie par Georges Forestier.
58. Pierre CORNEILLE : *Suréna*. Édition présentée et établie par Jean-Pierre Chauveau.
59. William SHAKESPEARE : *Henry V*. Édition de Gisèle Venet. Traduction nouvelle de Jean-Michel Déprats. Édition bilingue.
60. Nathalie SARRAUTE : *Pour un oui ou pour un non*. Édition présentée et établie par Arnaud Rykner.

61. William SHAKESPEARE : *Antoine et Cléopâtre*. Préface et traduction nouvelle d'Yves Bonnefoy. Édition bilingue.
62. Roger VITRAC : *Victor ou les enfants au pouvoir*. Édition présentée et établie par Marie-Claude Hubert.
63. Nathalie SARRAUTE : *C'est beau*. Édition présentée et établie par Arnaud Rykner.
64. Pierre CORNEILLE : *Le Menteur. La Suite du Menteur*. Édition présentée et établie par Jean Serroy.
65. MARIVAUX : *La Double Inconstance*. Édition présentée et établie par Françoise Rubellin.
66. Nathalie SARRAUTE : *Elle est là*. Édition présentée et établie par Arnaud Rykner.
67. Oscar WILDE : *L'Éventail de Lady Windermere*. Édition de Gisèle Venet. Traduction de Jean-Michel Déprats.
68. Eugène IONESCO : *Victimes du devoir*. Édition présentée et établie par Gilles Ernst.
69. Jean GENET : *Les Paravents*. Édition présentée et établie par Michel Corvin.
70. William SHAKESPEARE : *Othello*. Préface et traduction nouvelle d'Yves Bonnefoy. Édition bilingue.
71. Georges FEYDEAU : *Le Dindon*. Édition présentée et établie par Robert Abirached.
72. Alfred de VIGNY : *Chatterton*. Édition présentée et établie par Pierre-Louis Rey.
73. Alfred de MUSSET : *Les Caprices de Marianne*. Édition présentée et établie par Frank Lestringant.
74. Jean GENET : *Le Balcon*. Édition présentée et établie par Michel Corvin.
75. Alexandre DUMAS : *Antony*. Édition présentée et établie par Pierre-Louis Rey.
76. MOLIÈRE : *L'Étourdi*. Édition présentée et établie par Patrick Dandrey.

77. Arthur ADAMOV : *La Parodie*. Édition présentée et établie par Marie-Claude Hubert.
78. Eugène LABICHE : *Le Voyage de Monsieur Perrichon*. Édition présentée et établie par Bernard Masson.
79. Michel de GHELDERODE : *La Balade du Grand Macabre*. Préface de Guy Goffette. Édition de Jacqueline Blancart-Cassou.
80. Alain-René LESAGE : *Turcaret*. Édition présentée et établie par Pierre Frantz.
81. William SHAKESPEARE : *Le Songe d'une nuit d'été*. Édition de Gisèle Venet. Traduction de Jean-Michel Déprats. Édition bilingue.
82. Eugène IONESCO : *Tueur sans gages*. Édition présentée et établie par Gilles Ernst.
83. MARIVAUX : *L'Épreuve*. Édition présentée et établie par Henri Coulet.
84. Alfred de MUSSET : *Fantasio*. Édition présentée et établie par Frank Lestringant.
85. Friedrich von SCHILLER : *Don Carlos*. Édition de Jean-Louis Backès. Traduction de Xavier Marmier, revue par Jean-Louis Backès.
86. William SHAKESPEARE : *Hamlet*. Édition de Gisèle Venet. Traduction de Jean-Michel Déprats. Édition bilingue.
87. Roland DUBILLARD : *Naïves hirondelles*. Édition présentée et établie par Michel Corvin.
88. Édouard BOURDET : *Vient de paraître*. Édition présentée et établie par Olivier Barrot et Raymond Chirat.
89. Pierre CORNEILLE : *Rodogune*. Édition présentée et établie par Jean Serroy.
90. MOLIÈRE : *Sganarelle*. Édition présentée et établie par Patrick Dandrey.
91. Michel de GHELDERODE : *Escurial* suivi de *Hop signor !* Édition présentée et établie par Jacqueline Blancart-Cassou.

92. MOLIÈRE : *Les Fâcheux*. Édition présentée et établie par Jean Serroy.

93. Paul CLAUDEL : *Le Livre de Christophe Colomb*. Édition présentée et établie par Michel Lioure.

94. Jean GENET : *Les Nègres*. Édition présentée et établie par Michel Corvin.

95. Nathalie SARRAUTE : *Le Mensonge*. Édition présentée et établie par Arnaud Rykner.

96. Paul CLAUDEL : *Tête d'Or*. Édition présentée et établie par Michel Lioure.

97. MARIVAUX : *La Surprise de l'amour* suivi de *La Seconde Surprise de l'amour*. Édition présentée et établie par Henri Coulet.

98. Jean GENET : *Haute surveillance*. Édition présentée et établie par Michel Corvin.

99. LESSING : *Nathan Lesage*. Édition et traduction nouvelle de Dominique Lurcel.

100. Henry de MONTHERLANT : *La Reine morte*. Édition présentée et établie par Marie-Claude Hubert.

101. Pierre CORNEILLE : *La Place Royale*. Édition présentée et établie par Jean Serroy.

102. Luigi PIRANDELLO : *Chacun à sa manière*. Édition de Mario Fusco. Traduction de Michel Arnaud.

103. Jean RACINE : *Les Plaideurs*. Édition présentée et établie par Georges Forestier.

104. Jean RACINE : *Esther*. Édition présentée et établie par Georges Forestier.

105. Jean ANOUILH : *Le Voyageur sans bagage*. Édition présentée et établie par Bernard Beugnot.

106. Robert GARNIER : *Les Juives*. Édition présentée et établie par Michel Jeanneret.

107. Alexandre OSTROVSKI : *L'Orage*. Édition et traduction nouvelle de Françoise Flamant.

108. Nathalie SARRAUTE : *Isma*. Édition présentée et établie par Arnaud Rykner.
109. Victor HUGO : *Lucrèce Borgia*. Édition présentée et établie par Clélia Anfray.
110. Jean ANOUILH : *La Sauvage*. Édition présentée et établie par Bernard Beugnot.
111. Albert CAMUS : *Les Justes*. Édition présentée et établie par Pierre-Louis Rey.
112. Alfred de MUSSET : *Lorenzaccio*. Édition présentée et établie par Bertrand Marchal.
113. MARIVAUX : *Les Sincères* suivi de *Les Acteurs de bonne foi*. Édition présentée et établie par Henri Coulet.
114. Eugène IONESCO : *Jacques ou la Soumission* suivi de *L'avenir est dans les œufs*. Édition présentée et établie par Marie-Claude Hubert.
115. Marguerite DURAS : *Le Square*. Édition présentée et établie par Arnaud Rykner.
116. William SHAKESPEARE : *Le Marchand de Venise*. Édition de Gisèle Venet. Traduction de Jean-Michel Déprats. Édition bilingue.
117. Valère NOVARINA : *L'Acte inconnu*. Édition présentée et établie par Michel Corvin.
118. Pierre CORNEILLE : *Nicomède*. Édition présentée et établie par Jean Serroy.
119. Jean GENET : *Le Bagne*. Préface de Michel Corvin. Édition de Michel Corvin et Albert Dichy.
120. Eugène LABICHE : *Un chapeau de paille d'Italie*. Édition présentée et établie par Robert Abirached.
121. Eugène IONESCO : *Macbett*. Édition présentée et établie par Marie-Claude Hubert.
122. Victor HUGO : *Le Roi s'amuse*. Édition présentée et établie par Clélia Anfray.

123. Albert CAMUS : *Les Possédés* (adaptation du roman de Dostoïevski). Édition présentée et établie par Pierre-Louis Rey.
124. Jean ANOUILH : *Becket ou l'Honneur de Dieu*. Édition présentée et établie par Bernard Beugnot.
125. Alfred de MUSSET : *On ne badine pas avec l'amour*. Édition présentée et établie par Bertrand Marchal.
126. Alfred de MUSSET : *La Nuit vénitienne. Le Chandelier. Un caprice. Il faut qu'une porte soit ouverte ou fermée*. Édition présentée et établie par Frank Lestringant.
127. Jean GENET : *Splendid's* suivi de « *Elle* ». Édition présentée et établie par Michel Corvin.
128. Alfred de MUSSET : *Il ne faut jurer de rien* suivi de *On ne saurait penser à tout*. Édition présentée et établie par Sylvain Ledda.
129. Jean RACINE : *La Thébaïde ou les Frères ennemis*. Édition présentée et établie par Georges Forestier.
130. Georg BÜCHNER : *Woyzeck*. Édition de Patrice Pavis. Traduction de Philippe Ivernel et Patrice Pavis. Édition bilingue.
131. Paul CLAUDEL : *L'Échange*. Édition présentée et établie par Michel Lioure.
132. SOPHOCLE : *Antigone*. Préface de Jean-Louis Backès. Traduction de Jean Grosjean. Notes de Raphaël Dreyfus.
133. Antonin ARTAUD : *Les Cenci*. Édition présentée et établie par Michel Corvin.
134. Georges FEYDEAU : *La Dame de chez Maxim*. Édition présentée et établie par Michel Corvin.
135. LOPE DE VEGA : *Le Chien du jardinier*. Traduction et édition de Frédéric Serralta.
136. Arthur ADAMOV : *Le Ping-Pong*. Édition présentée et établie par Gilles Ernst.
137. Marguerite DURAS : *Des journées entières dans les arbres*. Édition présentée et établie par Arnaud Rykner.

138. Denis DIDEROT : *Est-il bon ? Est-il méchant ?* Édition présentée et établie par Pierre Frantz.
139. Valère NOVARINA : *L'Opérette imaginaire*. Édition présentée et établie par Michel Corvin.
140. James JOYCE : *Exils*. Édition de Jean-Michel Rabaté. Traduction de Jean-Michel Déprats.
141. Georges FEYDEAU : *On purge Bébé !*. Édition présentée et établie par Michel Corvin.
142. Jean ANOUILH : *L'Invitation au château*. Édition présentée et établie par Bernard Beugnot.
143. Oscar WILDE : *L'Importance d'être constant*. Édition d'Alain Jumeau. Traduction de Jean-Michel Déprats.
144. Henrik IBSEN : *Une maison de poupée*. Édition et traduction de Régis Boyer.
145. Georges FEYDEAU : *Un fil à la patte*. Édition présentée et établie par Jean-Claude Yon.
146. Nicolas GOGOL : *Le Révizor*. Traduction d'André Barsacq. Édition de Michel Aucouturier.
147. MOLIÈRE : *George Dandin* suivi de *La Jalousie du Barbouillé*. Édition présentée et établie par Patrick Dandrey.
148. Albert CAMUS : *La Dévotion à la croix* [de Calderón]. Édition présentée et établie par Jean Canavaggio.
149. Albert CAMUS : *Un cas intéressant* [d'après Dino Buzzati]. Édition présentée et établie par Pierre-Louis Rey.
150. Victor HUGO : *Marie Tudor*. Édition présentée et établie par Clélia Anfray.
151. Jacques AUDIBERTI : *Quoat-Quoat*. Édition présentée et établie par Nelly Labère.
152. MOLIÈRE : *Le Médecin volant. Le Mariage forcé*. Édition présentée et établie par Bernard Beugnot.
153. William SHAKESPEARE : *Comme il vous plaira*. Édition de Gisèle Venet. Traduction de Jean-Michel Déprats.

154. SÉNÈQUE : *Médée*. Édition et traduction de Blandine Le Callet.
155. Heinrich von KLEIST : *Le Prince de Hombourg*. Édition de Michel Corvin. Traduction de Pierre Deshusses et Irène Kuhn.
156. Miguel de CERVANTÈS : *Numance*. Traduction nouvelle et édition de Jean Canavaggio.
157. Alexandre DUMAS : *La Tour de Nesle*. Édition de Claude Schopp.
158. LESAGE, FUZELIER et D'ORNEVAL : *Le Théâtre de la Foire, ou l'Opéra-comique* (choix de pièces des années 1720 et 1721 : *Arlequin roi des Ogres, ou les Bottes de sept lieues, Prologue de La Forêt de Dodone, La Forêt de Dodone, La Tête-Noire*).

Composition Nord Compo
Impression Novoprint
à Barcelone, le 20 novembre 2014
Dépôt légal : décembre 2014

ISBN 978-2-07-044883-8./Imprimé en Espagne.

244466